徐南麗的
斜槓樂齡人生

徐南麗 著

謹將此書獻給

我91歲往生的父親和95歲往生的母親，

感恩他們的生育教導；

以及證嚴法師，帶我走入慈濟的大家庭。

前排右邊是家父，左邊是家母。後排左邊第一位是大姊，
中間是我，右邊是小妹，這是和家父母最後一張珍貴合照。

－父母與家人－

1. 少女時期的家母在新竹總統府上班，明媚動人。
2. 民國 34 年抗戰勝利後家父母在新竹結婚，轟動風城，如今已成歷史！
3. 家父母結婚時所留下的珍貴歷史照片，左下角的男孩是大表哥黃文雄，右邊的小女孩是大表姊黃晴美。

－父母與家人－

1. 這是我們一家人，第一排由左至右為小弟、大姐、小妹和我，後排為家父母。
2. 母女三人情深似海，要作怪也可以一起同樂，放下身段，快樂怡然自得！
3. 現在的我和孫女兩人情同朋友，無話不談。金孫 Angel 讓我恢復童稚之心，與她共同學習乃人生一大樂事！
4. 照顧中風失智的母親十餘年，右為情同家人的印傭阿麗（Rita）。

—航空護理生涯—

5. 我（右二）的航空護理生涯，此為傷患專機 C119 前的航空護理隊伍。
6. 一九七六年當選第六屆十大傑出女青年，登上《奮鬥月刊》的封面人物，並代表十傑上台致詞。
7. 民國64年當選唯一的女性國軍英雄，獲當時行政院長蔣經國接見，《中國時報》特刊登「徐南麗的殊榮」報導。

－榮總與堅實的研發團隊－

1. 榮總有堅實的研發團隊，我個人（中）的研究組員全盛時期達十幾位。第一排左二是國立臺北護理健康大學蘇慧芳教授。
2. 在夏菊玲董事長安排編舞下，全體督導以上的主管全部參加「花團錦簇」的舞蹈演出。此為練習時主管探班時的留影。最右邊為當時最資深的張寶珠副主任，最左邊穿大紅舞衣的是最年輕的我喔！
3. 台北榮總護理部每年都會辦理歡迎回娘家的活動。主任明金蓮（左一）是我的學生，青出於藍。右二為教導我航空護理的胡慧林老師。

－恩師與貴人－

4. 航醫導師何邦立教授總是給我鼓勵和支持，40 年前曾為我的《航空護理學》專書撰寫推薦序。感恩！
5. 影響我一生最大的兩位貴人是我的論文指導教授石曜堂博士（中），右邊是帶我進入健康與建築跨領域的陳宗鵠教授。
6. 陳忠義老師啟發我歌唱的潛能，為我開了另外一扇窗。希望將來也能出自己的專輯圓夢！
7. 啟發我繪畫潛能的油畫大師洪振東好友。這幅畫（花團錦簇）是我的作品，在他的畫室即興完成的。

-春風化雨-

1
2
3
4

1. 民國 87 年到花蓮慈濟醫院拜見證嚴法師，是與慈濟結緣的開始。
2. 證嚴法師於每年的護師節都會親臨慈大護理學系參加學生的加冠典禮並給老師們鼓勵。第一排蹲著全為護理系的優良老師，第二排左三是方菊雄校長帶領全校的一級主管參加。
3. 證嚴法師參加同學的畢業典禮，經常給予鼓勵。照片中前排左四紀乃晴已經拿到美國博士學位，多半的學生都留在慈濟工作，真是人才濟濟。
4. 在慈濟大學成立護理行政碩士班及博士班，培育當地英才是我的願望！這批研究生至今仍有聯絡。恭喜大家更上一層樓！

5 6
7

5. 元培學生常常給我驚喜，為我慶生。學生都說他們是我的粉絲。
6. 最後一位學生——澳門科大博士張栢菱，現為澳門鏡湖護理學院講師。
7. 在元培的日子，林志城校長（右二）經常邀請學者專家專題演講。左一為前衛生福利部部長邱文達教授。右一為元培執行董事蔡雅賢，感謝她的聘請，讓我在元培作育英才十年，留下美好回憶。

－訪問與演講－

1. 接受前中廣董事長趙守博的訪問，暢談護理教育及長照護理。
2. 接受軍聞社記者徐振威（左）及航醫劉峻正（右）邀請，訪談航空護理。
3. 接受成都眾蕊公益護理平台創辦人王錦珠教授（前排右一）的邀請錄製教學影片，和成都護理人員分享台灣的護理教育。
4. 受邀至四川樂山市人民醫院演講，並受聘為樂山職業技術學院講座教授。

5. 接受快樂電台「星期天 溫暖多一點」金鐘獎主持人蘇禾的訪問，談「我的翻轉人生」。
6. 沈一鳴總長在擔任空軍總司令時曾邀請我去演講，是待人非常親切、有愛心、幾近完美、零負評的謙謙君子。令人無限思念！
7. 接受歷史學家 / 長庚大學教授張淑卿的專訪，談軍護及航空護理史。她手中拿的就是我著作的《航空護理學》。

我的著作及網站

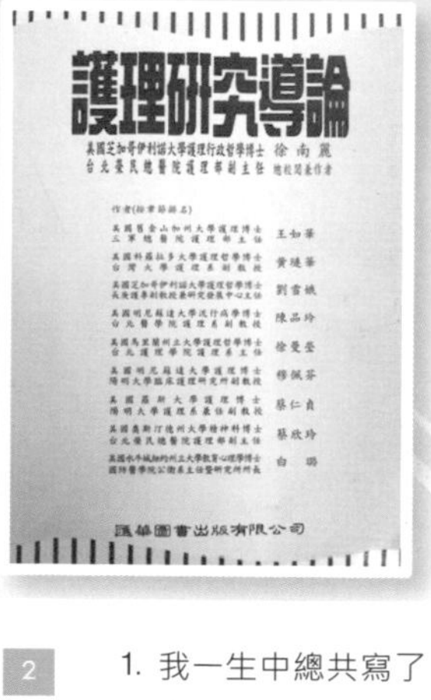

1 2
3 4

1. 我一生中總共寫了 27 本書，並創刊《健康與建築雜誌》。
2. 在慈濟曾協助同學創下護理師考照率百分百的紀錄，學生幫我將奮鬥的歷程撰寫成書，用於激勵師生共同用心經營系所，向上提升護理專業。
3. 我這一輩子教最多的就是護理研究，研究發展對提升護理品質最為肯定。
4. 著作《正向思惟》，分享改變我生命的 25 個信念，本書曾榮獲國健署健康好書推介獎。我也曾將這本書送給我的歌唱老師張琪姐。

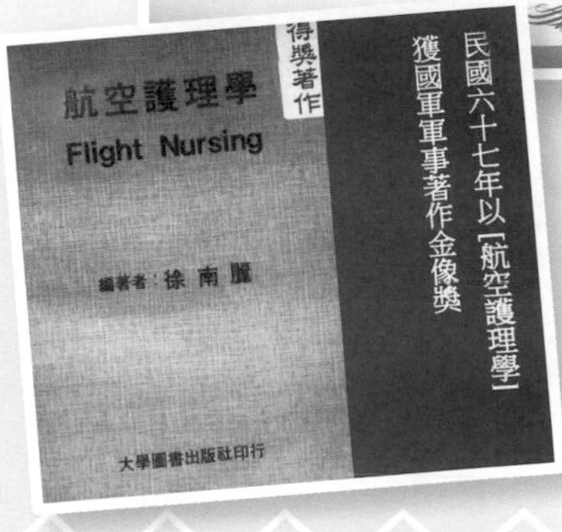

5. 歡迎瀏覽我的網站「徐南麗教授研究室」，裡面有很多我的學術論述及教學影片。網址是 http://nanlyhsu.weebly.com
6. 民國 67 年撰寫《航空護理學》，為我贏得了國軍軍事著作金像獎。
7. 著作《護理行政與管理》並出版光碟，在當年還是創新之舉呢！封面人物是我和我在台北醫學大學碩士班教導的在職班研究生，右一男士為台北榮總督導戴宏達，現已取得博士學位。

—繪畫與我—

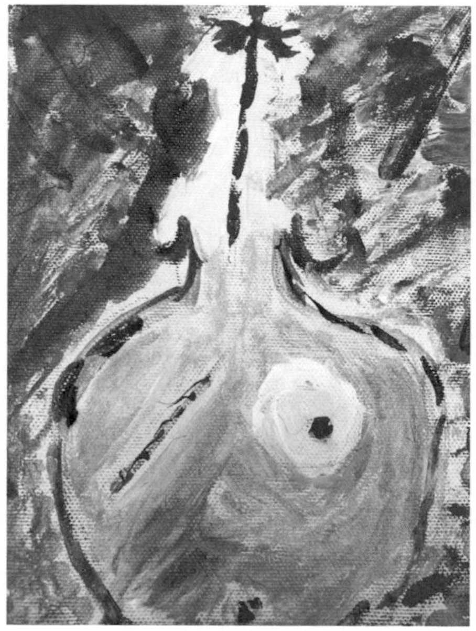

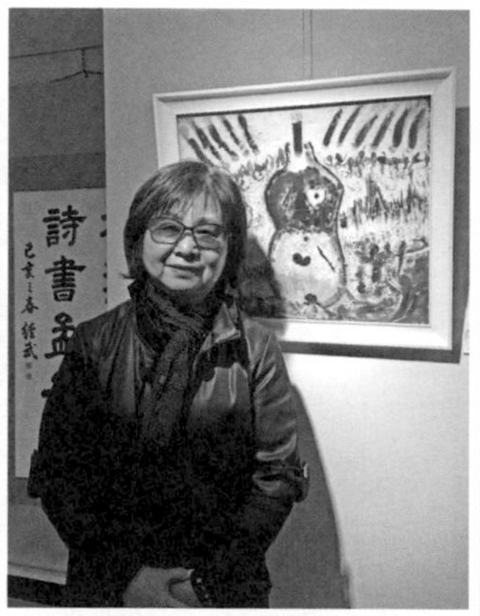

1 2 3

1. 我的第一幅畫畫出我當時的心聲，當年就有人出價購買，還說要收藏我所有的畫，給我很大的鼓勵！
2. 託老師的福，我的畫在國父紀念館展出，主題「不完美的美」顯示人雖然身體會有殘缺，但我心仍願散發燭光普照人間。
3. 「風雨中的寧靜」，希望在暴風雨中仍然能互助合作，求逆轉勝，重見彩虹！

3
4 5

3. 徐南麗白衣天使創作，白衣大士小燭光點亮世界！

4. 充滿莊嚴祥和的法師，在我眼中有鎮邪避災的魔力，慈光普照，紫氣東來。

5. 我為情同家人的印傭阿麗（Rita）繪製的油畫人像。

－繪畫與我－

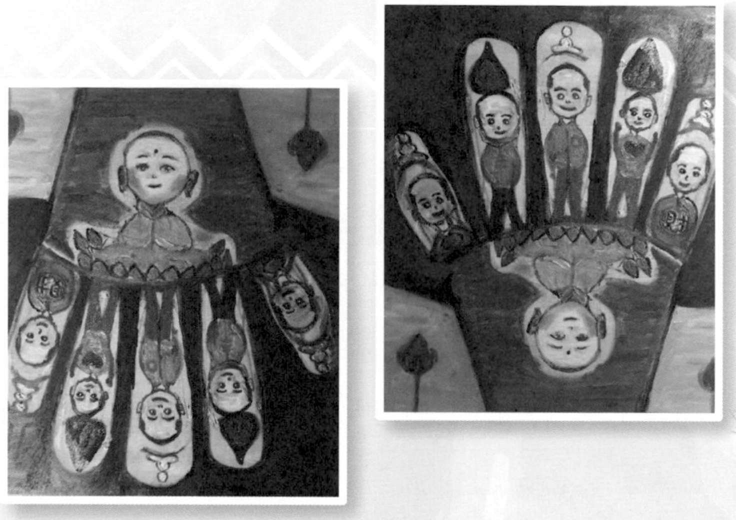

1. 《花開見佛》這幅畫的名稱是〈掌握人生—花開見佛〉，正反面皆可觀之。
2. 《福祿壽囍》這四幅畫都是用 100 個不同的人物水果代表祝福。第一個福是百人愛心祈福，第二個祿是百萬金幣增祿，第三個壽是百粒壽桃祝壽，第四個囍是百顆蘋果增囍。

目次

壹 成長學習及護理研究之路

貳 人生轉折

參 人生有五寶 健康活到老

專文推薦一

充滿哲理的古稀樂活人生

何邦立／何宜慈科技發展教育基金會執行長

認識南麗女士已是四十餘年前的往事，那時我們都在空軍服務，我剛從美國學成回國，從事專業航空醫學的教學研究工作，她是航空護理師，曾經赴美航空醫學校接受專業訓練，回國擔任空中後送分隊長期間，完成《航空護理學》專著，是非常傑出優秀的年輕女軍官。隨後獲選為國軍戰鬥英雄、十大傑出女青年等殊榮，實至名歸。

再聽到南麗的訊息，是她到臺北榮民總醫院服務，先是護理督導，後為護理部副主任。直到近年來空軍為慶祝女性航空護理官五十周年紀念，國軍空中後送六十周年紀念活動時，才有緣再得見面。知道她獲得美國護理行政管理博士學位，又在慈濟大學任護理系主任、元培大學任教，作育英才，並著作等身，名揚海峽兩岸，實在為她高興。

近悉，她有新作即將付梓，是有關退休樂活內容的新書，能夠事先一睹，亦人生一大樂事！

古人說：仁者壽。自古以來，長壽被嚮往，養生被推崇，百歲被期望。有人說運動、有人說舞蹈、有人說唱歌、有人說多笑、有人說動腦、有人說學佛，這樣的養生，到底有無效果，誰又能說得清、講得準？要知，老年人有病是常態，無病是例外。抗衰老，衰老豈能抗，天下哪有長生不老的仙丹妙藥？人生步入老年是一種福，是自然自在地經歷衰老的過程和形式。死亡既然是人生最後的歸宿，到了這個年齡，隨心所欲，淡泊從容，自由自在生活吧！

細讀本書，南麗她有非常豐富的人生歷練，無論求學經過、就業階段、婚姻狀態、子女教養、財務置產規劃、身心病魔困擾、雙親養老送終、退休後的生活安排，在她人生各階段，有起有伏，遭遇常人少遇的挫折與困境，看她又是如何的因應。本書是自傳性的體裁，回顧南麗多彩的一生，也點出許多值得思考的問題，讀者閱讀此書時，應可相互印證，得到共鳴。

本書後段寫的是如何健康的活到老，老身、老本、老居、老伴、老友，及如何的退休樂活，含飴弄孫，要及早做好退休規劃等。全書都是從實際生活體驗中，得到的智慧結晶。南麗寫的樂活人生，有點另類，與坊間常見的樂活書籍，切入角度有點不同。但細讀之下，極易牽動讀者與作者間心靈的互動，是一本具可讀性、易感性，難得的好書。

四十餘年前為南麗第一本著作寫序，如今她屆古稀之年，寫書更具哲理，是為之序！

專文推薦二

始終如一的遠見及正念

明金蓮／臺北榮民總醫院護理部主任

南丁格爾曾說：「護理是一門藝術，若要成就一件藝術品，就要像畫家或雕塑家那樣全心奉獻、盡力預備。」在在證明護理人員是需要培養高度靈感、敏銳觀察力與專業技術能力，才能提供病人身、心、靈的全人照護。我的老師——徐南麗教授，是位勇於創新、追求卓越，不向惡勢力屈服，處事態度嚴謹的資深護理人，無論是在護理界、學術界及教育界都具有豐富跨領域經驗及卓越的表現，像一道始終溫暖的光，無私的奉獻、發亮，照亮人群，貢獻社會。

和徐教授結緣是在民國六十七年，我正就讀中國醫藥學院護理系二年級，學校邀請當時叱咤風雲，頂著國軍英雄與十大傑出女青年光環的航空護理專家來專題演講，分享其接受航空護理師訓練過程，如何建立後送作業標準、設立空中醫療救護專機及樹立護理制度等，讓護理系師生見證了我國航空護理專業的能量，了解空中醫療救護專機是國軍軍醫史上絕無僅有的紀錄。徐教授成為航空護理界眾人無法超越的傳奇，遠遠看著其英姿，頗生敬畏。

事隔多年，沒想到我能再度與老師在榮總相遇，當時她正積極建立護理工作標準及進行護理人力生產力研究，而我擔任觀察員，協助在全天不同的時間點，收集臨床護理人員的工作內容與耗費的時間，也開始學習她首推的護理研究訓練。她的遠見與洞悉能力，使護理工作標準化、電腦化，建立有效率的護理人力管理系統，是現在計算護理人力的依歸。

人生能有幾座高峰可攀登？盡其在我，「一分耕耘、一分收穫」、「天下沒有白吃的午餐」。徐教授從登上第一座高峰——當選國軍英雄及第六屆十大傑出女青年後，仍不忘人生之目標，繼續努力，隨後攀上了人生的第二座高峰——在臺北榮民總醫院擔任護理部副主任。爾後的第三、第四高峰，正驗證其堅忍不拔、兢業的精神，心存正念，一路走來，始終如一。

這本書的各個章節，從「成長學習及護理研究之路」、「人生轉折」、「人生有五寶，健康活到老」、「安定自在，健康樂活」，許多分享正與推動高齡友善健康照護理念目標相契合。藉由她罹癌的經驗，特別提醒民眾要健康檢查防範未然，早期診斷早期治療，贏在起跑點，才能降低癌症病人的發生率與死亡率。雖說每段生命都有終點，但面對生老病死，您準備好了嗎？想要擁有充實而精彩的退休生活，就要在年輕時好好照顧自己的健康、培養自己的興趣、建立適切的人際關係，並規劃自己的財產分配，如此一來，當回首時，您也能看見美好！

有感於徐教授即便離開臨床護理工作、轉到教育界即至後來退休，依然擁有令人感動的精神，因此最後借美國詩人朗費羅獻給南丁格爾的不朽詩句，表達我對老師的尊敬、祝福與愛——"Look! In that house of misery, a lady with a lamp I see."

專文推薦三

護理楷模，術德雙馨

查岱龍／國防醫學院院長

徐教授南麗博士成名甚早，民國五十九年她甫自母校國防醫學院護理學系畢業，芳華正茂即派任屏東空軍基地負責擔任金門前線空中傷患後送任務，翱翔藍天之際，遂萌鴻鵠之志，隨後爭取赴美接受航空護理專業訓練，汲取新知，返國後完備國軍空中傷患後送制度，並著有《航空護理學》乙書，她啼聲初試，即獲得眾多專家學者關注。近日有幸拜讀新作《徐南麗的斜槓樂齡人生》，深感成功者的背後總有不足為外人所道的辛酸血淚，她一生奮鬥的過程是國醫人逆流向上的縮影，這與她早年在母校接受術德兼修的軍事教育有關，也是她堅強意志的展現，於是成就她不凡的人生。

徐教授在近四十年的從業生涯中發行了二十七本著作，她學有專精，樂於分享，她的著作在護理學界幾乎是人手一冊，是許多學生入門的礎石，也是被奉為圭臬的必讀「聖經」。她自我要求極高，除了有效管理時間，還能充分運用時間，經常身兼多職，樂此不疲。她將每一時期辛勤工作所累積的經驗與成效，經過融會貫通之後，彷彿蠶兒吐新絲般地辛勤筆耕，然而在課堂講授的對象有限，唯有出書立論，方可傳世，這也是徐教授桃李滿天下的原因。

我是位外科醫師，從事臨床醫療工作已有卅載。當我從書中拜讀到徐教授在臺北榮民總醫院服務期間，罹患乳癌接受手術與化療，除了要能夠忍受藥物的副作用外，還必須克服形體改變的心理障礙，她未曾請假，堅守崗位，展現出百折不撓的毅力，這使我的內心不由得肅然起敬！她基於使命與職責，勇敢面對挑戰，永不認輸的精神，真是令人既敬佩又心疼。

徐教授在面對人生的轉折點，總是能夠不計得失，勇於承擔，理性思考，作出明確抉擇，所以她的人生峰迴路轉，柳暗花明，處處可見驚喜！

任職於臺北榮民總醫院期間，除了要關心二千多位護理師之外，每天還要巡查病房安慰病人。擔任慈濟大學護理系主任期間，積極培養學生，提攜後進，她熱情關懷，正向思維，勇於創新，積極奉獻的精神都是值得我們敬佩與學習。她飲水思源，經常感念母校國防醫學院的培育之恩，成就了她的一生。岱龍忝為一校之長，欣見母校作育英才，回饋社會，故樂為序推薦！

專文推薦四

平凡中見不平凡

陳宗鵠 教授／中華兩岸健康促進建築環境策進會理事長

徐南麗教授常自謙為平凡的人，但她一生中每個成長及就業階段都有「不平凡」的表現，值得讀者參考學習。這本書敘述了她的求學歷程以及職場生涯歷經的「軍、公、教」三個階段。從軍時她專挑困難、具挑戰性、別人不想做的任務，從執行中學習經驗並樂在其中。由於表現傑出，二十七歲就榮獲第六屆十大傑出女青年的殊榮。在榮總受鄒濟勳院長賞識提拔服務十八年間，每天都全心全意投入服務，連自己羅癌症治療期間也不間斷工作的精神，雖曾受長官不合理對待，但仍坦然面對而不抱怨，如此的心胸及雍容涵養自然會有福報。

果然福報悄悄來臨，在她轉身離開榮總之後，慈濟證嚴上人力邀至慈濟大學任教並兼任系主任，四年內將慈大護理學系的護理師證照通過率從百分之五十提升到百分之百，還成立博士班研究創新教改計畫，其超凡努力及遠見真令人欽佩。

我認識徐教授超過三十年，看過她歷經克服疾病正向積極的思維，了解她職場待人以誠的態度，以及她任事周全、凡事規劃、追求完美的精神。我於二〇〇八年邀請她到中華科技大學建築研究所任教，指導研究生跨醫學及建築領域論文，短短兩年期間先後輔導超過十五位學生完成碩士論文，學生除了向她學習研究方法外，也學習她嚴謹治學態度而終生受用。二〇一三年我們組織「中華兩岸健康促進建築環境策進會」後，邀請徐教授任職本會發行的「健康與建築雜誌」社長兼總編輯，以她治學及豐富辦雜誌的經驗，短短三年內華藝線上圖書館統計該雜誌下載成長率達一百六十四%，居生醫領域第一的佳績。

徐教授是一位務實、正向、有膽識、有創意的軍人、護理師、作家、學者教授，非常重視生涯規劃，退休後仍不忘繼續學習及服務社會。她事母至孝，服侍中風失智的高齡母親十幾年期間，學習豐富照護、法律及稅務相關經驗，她對退休提出「五老五寶」樂齡計畫，值得中年人及老年人認真閱讀參考，對這樣不平凡的護理翹楚，本人有幸相識、相知，故樂為序推薦。

▲伊利諾大學校長提摩西・基林（Timothy L. Killeen，圖中）於2016年6月8日訪問台灣的伊大校友會。《健康與建築》雜誌發行人陳宗鵠教授（右）特別贈送雜誌給基林校長。

專文推薦五

成功女人的背後

雷永耀

前台中榮民總醫院院長、
前國立陽明大學外科學系教授兼系主任

很多人看到別人成功總是心生羨慕，卻忽略了成功者付出了比一般人多上數倍、甚至數十倍的努力，我所認識的一位成功女性——徐南麗教授，就是一個典範。

我和徐教授在民國五十五年同年入學國防醫學院時即認識了，她在學校就是風雲人物，很健康、才華洋溢、樂觀進取，臉色自然紅潤，有綽號「小蘋果」的美稱。她的一生非常精彩，就如她所著作的書《正向思惟——改變生命的力量》，這本得獎著作記錄了她念軍校的始末，並詳述軍校畢業後經歷軍中十二年，榮總十八年退休後，到慈濟大學任教六年以及元培醫事科技大學春風化雨十年的軍公教生涯，直至七十歲真正退休的人生奮鬥歷程，令人驚嘆且備受激勵！

徐教授有個個人網站——「徐南麗教授研究室」，蒐羅了她的重要事蹟及紀錄。我曾經在裡面看過歷史學家暨長庚大學張淑敏教授訪問徐教授，暢談軍護護理「航空護理」的一段影片，對於當年年輕的同學身穿軍裝、英姿煥發，英勇來回金門馬祖等地救護傷患，並著作《航空護理學》建立各種傷患後送制度等事蹟，留下極深的印象。之後也拜讀她的著作《追求百分百》及《護理行政與管理》等，現又有幸搶先瀏覽她的新書《徐南麗的斜槓樂齡人生》，再次深刻感受到成功總是得來不易，背後所付出的努力非一般人能想像！我認為這和她進國防醫學院接受文武全才，德術兼修的軍事訓練有關。茲將讀後感想與大家分享！

首先，徐教授著作等身，寫了二十七本書，是位生產力極高的作家學者。軍校生活培養她時間管理的觀念，讓她日後工作能將一分鐘當兩分鐘用、一個人當兩個人用。在慈濟大學任職期間能同時兼任慈濟機構五、六份工作，就是充分實踐時間管理的明證。

其次，徐教授不怕吃苦，遇到困境選擇積極面對、不怨天尤人，是位勇敢卓越的女性。她在榮總任職期間不幸罹患乳癌，歷經半年的化療，即便過程中歷經了痛苦的副作用，但她出於對工作的責任心，不曾請假，身為她主治醫師的我，可以看出徐教授身為專業護理人員運用知識幫助自己度過疾病難關的堅強，令人敬佩！更突顯了護理是一項利人利己的志業，由此更讓讀者明白，為何她能無怨無悔地在這個領域貢獻、付出。

此外，徐教授擁有勇於創新、敢於放下、承擔責任、大器的特質。很多人遇到困難挫折時，多半選擇忍耐、接受現實、隨緣處理，然而徐教授在面對人生的轉折點，例如出國留學時，拒絕美國伊大院長的安排而選擇自己喜歡的科系；選擇退休時機及退休後的工作；面對婚姻問題選擇顧全大局方式處理等轉折點，都能有「做最壞的打算，接受有得有失」的心理準備，並且有著「自己選擇，自己負責」的承擔，是位有遠見、有長遠規劃，能看大局、有擔當的人！此外，徐教授的情緒管理ＥＱ很高，護理照護工作多年下來培養她平穩低調、厚道智慧積極解決問題、專注服務病患的好脾氣，修養品德兼具。

總之徐教授身為學者良師，自律甚嚴謹言慎行，作育英才提攜後進，教學研究創新，這些都值得我們學習。身為同學老友，欣見母校能培養出這樣的傑出校友巾幗英雄，是國防醫學院教育成功的一面。故樂為序推薦！

▲ 2016 年國防醫學院校友會在馬來西亞舉行，徐南麗和她的主治醫師雷永耀院長（中）特別為校友組成的舞蹈團加油！

專文推薦六

俯仰無愧，優游自在

趙怡
國際佛光會中華總會總會長、
國立政治大學副校長

接到徐南麗博士囑我為其新著寫序的來函，心想這多半是本有關護理專業的論述或是學術研究的發表，正盤算著自己是否有能耐接下此一「重託」？沒想到收到稿件後，才發現內容包羅廣泛，從成長、學習、就業、深造、婚姻到教學研究以及她引為終身榮辱的成就與挫折，所有點點滴滴、起起伏伏的過程，都在作者真摯的性情和流暢的筆觸下顯得自然鮮活，躍然紙上，美不勝收！我結識南麗女士廿餘年，深知她為人正直耿介，處事一絲不苟，在舉止風格上予人近乎內斂保守的印象，待得一口氣讀完她的大作，才體認到在她曲折顛仆的人生經歷背後，竟隱藏著如許堅毅的心智、忠厚的本性、與人為善的襟懷和樂觀進取的動力。

徐南麗是國內少有出身軍校的護理專才，不到而立之齡即當選「國軍英雄」及榮膺「十大傑出女青年」頭銜，功成名就之餘，仍決意出國深造，居然以兩年半時間即完成美國名校的博士學位，在醫護界，甚至整個台灣都屬鳳毛麟角。或許是她的光環過於耀眼，抑或是她的守正不阿，實事求是，也招來不小的阻力與磨難，但她都以不怒、不怨、不悔、不餒的寬和襟懷一一化解於無形，更時而能把片刻的挫折昇華成淬礪奮進，再創人生佳景的激揚力道。例如她因大專聯考計分疏漏痛失進入台大醫科機會，卻在事後自認因讀國防醫學院受軍事訓練和從事護理工作養成照顧弱病習性而終身得益；又如她受盛名之累而迭遭打壓，因不幸罹患乳癌重症備受化療之苦，竟爾促成事業及生活上的峰迴路轉，遂使她以樂享退休後的怡然歲月而深感慰藉。我認為，作者的正向思維和豁達的生命哲學才是全書的精隨所在，後來者若能引以為鏡，用心體會，必將在人生逆旅中獲利無窮。

徐教授在書末用大篇幅推薦她的養生祕訣，讓我們這批站在生命終點線前迷茫驚疑的高齡族群如獲至寶，這「五寶」，無不提煉自她豐沛的人生歷練，今後也將被我輩中人奉為圭臬，為漫漫人生畫上美好的句點。作者在書中有一段動人的自述：「人生每個階段都認真努力，盡力負責，換得俯仰無愧、悠遊自在地享受退休生活。」我願以這段話中的真義向徐南麗教授致敬並賀其新書問世。

▲ 2020 年 9 月 17 日參加夢迴李叔同音樂會，徐南麗教授和國際佛光會中華總會趙怡總會長合影。

專文推薦七

回顧所來徑，蒼蒼橫翠微

劉怡均／慈濟大學校長

徐南麗教授的人生豐富精彩，這本自傳不僅回顧所來徑，更可做為年輕後輩的生涯發展指南，依循前輩分享的經驗，可減少付出許多摸索的代價。

徐教授在慈濟大學擔任護理系主任期間，我剛從美國攻讀完博士學位回校任教，每每在會議中見到徐主任，她總是精神奕奕，充滿著教學研究熱情。慈大護理系在徐教授的帶領下，培育了好幾位優秀的師資，也將學生的國考通過率衝上百分之百，這一段努力的過程，不只是徐教授人生中一匹與師生共同編織的彩錦，更是慈大校史中一段榮耀的紀錄。

徐教授的人生轉折點頗多，然而她總是以智慧，樂觀和毅力，堅持走向人煙稀少卻風景較優美的路。聯考的挫折並未阻斷她為病苦服務的大願，國防醫學院護理系的嚴格訓練，造就了她吃苦耐勞的精神，恆持分秒地精進。畢業後在榮總服務，原可安穩地一路高升，但徐教授在一些人事紛擾後，把握機會，出國攻讀博士學位，成為當時護理界少數臨床與學術資歷兼具的人才。正義感十足的徐教授，年輕時曾提出醫院應有護理主管擔任副院長以圓滿各面向管理的建言，雖然未獲採納，甚至引起波瀾，然而今日已有護理主管任醫院之副院長，足見徐教授的理念走在時代前鋒，當年勇敢地發聲想必無比單獨，今日讀來令人敬佩。在醫護關係仍不十分對等體制內的專業護師，應以徐教授為典範，看重自己對醫療的貢獻，自重而後人方重之。

除了護理專業歷程的分享，徐教授更如慈母一般，殷殷叮嚀讀者必須珍重健康，存夠老本，早日安居，善待人與人之間的關係，為退休的生活做準備。徐教授雖然從教職退休，但仍筆耕不輟，彈琴書畫，過著充實的生活，實為我等後輩效法之典範。

隨著徐教授的文字，走讀她的大半生，深覺她的炫麗人生真是步步踏實做，分秒不空過。

專文推薦八

恆持剎那，無住生心

劉峻正／前國軍高雄總醫院岡山分院院長、國立臺灣師範大學教育學博士

今年入春以來，臺灣及世界各地都面臨了新冠肺炎的威脅，從各國感染人數不斷攀升的過程中，我們可以深刻地體驗到病毒為人類所帶來的衝擊與災難，感受到人類的渺小與生命的無助，如何安身立命、保障個人生命財產安全，遂成為每個人不得不嚴肅面對的問題。在政府的積極作為下，不僅落實了諸多的防疫政策與公共衛生，我們也互相照應，互相關懷，積極配戴口罩並保持安全社交距離，全民共同守護彼此的生命安全，在患難中展現出鎮靜與團結的力量。在疫情蔓延中，我們也有前所未有的體悟：疫情限制了我們原本的日常作息，改變了我們的社交模式，於是我們擁有更多的居家時間，有更多機會與家人相處，也增加了自我省思的獨處時間。疫情讓我們反思人類與自然的關係，也讓我們思考自我與社會的共生鏈結，

更迫使我們重新評估全球化趨勢下的變局與轉機，也讓我們重新檢視生命的意義和生活的目的；然而面對瞬息萬變的大千世界，唯有隨時做好因應的準備，當挑戰來臨時，要有求新求變的覺悟與開啟行動的勇氣，我們相信，在被動中仍然有著不變的真理，必須持衡地善待周邊的每一個人，持續關懷社會，發揮自身良善的力量，讓世界有更多正向的互動。

生老病死是每個人都必須嚴肅面對的生命課題。年少時我們得意盡歡，擊竹高歌；功成名就後，堅守崗位，回饋社會；退休後福至心靈，安享晚年。論語提到「老者安之，朋友信之，少者懷之」與禮運大同篇「使老有所終，壯有所用，幼有所長，鰥寡孤獨廢疾者皆有所養」的理念，更是中華文化千年精髓所蘊含大愛無疆的至善胸懷，也是每個人年邁終老所追求的安康境界。本書作者徐南麗教授成名甚早，才華洋溢，屢獲肯定，然而她從不以此自足，堅毅創新，奮發向上，在護理事業上成就斐然，執持牛耳，同時也濟人無數，桃李芬芳；她的著作等身，論述領域從航空護理學、臨床護理學、護理研究，到行政管理學等範疇廣博精通，點石化金，然而職場歷練卻給了她更多心境上的轉變以及對於人生的深度思索。近年來她胸懷通達，慈悲入世，更提出「正向思惟」，教導大家應藉由知識的累積、心境的調整，讓自己的心境平和，使得人生更加美好。清代紀曉嵐提到「做人要看遠、看淡、看透」，星雲大師曾說道「人人都有觀自在，何必他方遠處求？」如今徐教授「觀」照「自」己內心所「在」，她心鏡澄明，現身說法，不吝將自身過往經驗與不幸遭遇昇華轉化，告訴大家如何樂齡快活，能夠擁有「五寶」——從醫療照護專業背景傾談養生要訣、從經營管理面向分享理財之道、從理性風水建築觀點分析人屋互存關係、從失婚經驗分享與心靈伴侶相處之道，以及從青絲到銀髮的至交好友如何關懷互助，從各種身分角色的觀點，教導大家不要盲目追求，要能捨棄身外包袱，化繁為簡，方能無入而不自得，達到身、心、靈健康的安老與養老境界。徐教授真情至性，躍然紙上，相信您在閱讀此書之後一定會和我有一樣的感受——觀照生命，樂活人生。

因受恩師徐教授所囑，卻之不恭，筆不成言，是為之序。

▲劉峻正院長到《健康與建築》雜誌社訪問徐南麗教授，談航空護理。

序言

我的斜槓樂齡人生

徐南麗／健康與建築雜誌社長兼總編輯

很多人聽了我的故事後，都說我的人生過得很精采。

一心想念醫學院的我，陰錯陽差讀了護理系，畢業後在空軍醫院從事臨床護理工作長達十二年。後來以軍職外調到臺北榮民總醫院，那段期間我出國攻讀博士學位、從事臨床教學研究工作、創刊《榮總護理雜誌》……，直到從北榮退休，度過既豐富又精彩的十八年。

後來我應慈濟證嚴法師的邀請，到慈濟大學擔任護理系主任、所長，成立博士班，為培育護理人才而努力。後因家父往生，乃離開慈濟回到臺北侍奉老母親。最後，在元培醫事科技大學春風化雨十年、出版《健康與建築雜誌》，擔任社長及總編輯直至公職退休後，仍負責部分編輯寫稿工作。

我的人生就像倒吃甘蔗一樣，苦盡甘來，辛勤工作半世紀，享受在寶島臺灣幸福女人成長茁壯成就的美好人生。

回顧這一生及退休後的生涯，心中感觸良多。佛家說，「不是不報，是時候未到」；古人說，「前人種樹，後人遮蔭」、「一分耕耘，一分收穫」……，都在描述人生的辛苦付出不會白費，皆有因緣果報。上天總會在適當時機給予回饋，我們只要能夠安心、自在、隨緣、樂觀地過好每一天，胸懷正向思維往前望去，日行一善、勇往直前，未來怎能不美好呢？

每個人會因著個人過去的努力、環境條件不同，而有不同的成就境況。看著家父母的晚年，也是因著各自的生活態度與習性，而有了全然不同的人生境遇。人生境遇的好與壞，全在一念之間：知足、感恩，可以讓人生更美滿；善解、包容，讓與家人朋友間的相處更加圓融。慶幸自己是護理人，一生都從照顧別人中學習來照顧自己及家人，所以也不斷在感恩中行善事、思回饋！

我們從出生到成長，歷經年輕歲月，逐步邁入老年階段，是再自然不過的人生歷程，如何減緩退化慢活樂活，是進入老年階段一個很重要的課題。包括維持每天正常作息、運動；注意飲食營養攝取；保有健康的居住環境；妥善規劃退休生涯，適當支配財富；有老友或老伴互相陪伴照顧，保有適度的人際關係；多與年輕人相處，使自己的心態益發年輕。

現年七十二歲的我，除了含飴弄孫，也為自己安排了各種學習課程。只要沒有太大的經濟及心理壓力，能夠持續學習的人生，是很幸福的，透過持續學習來獲得進步、成長與成就感，本身就是一種快樂！

回顧豐富多采的人生歲月，每個階段都認真努力、盡力負責，才換得如今的俯仰無愧，悠遊自在般地享受退休生活。本書僅將個人經歷、學習成長過程、人生轉折、運動健身養生慢活、交友或與家人相處、退休規劃等心得經驗與親朋好友一同分享。如果能因此激發一些省思，讓大家能越活越年輕、越活越健康，共同為社會的祥和、人間的歡樂繼續貢獻一份力量，我願足矣！

▲大學剛畢業 22 歲，英姿煥發，懷著夢想，濟世救人，身體力行服務社會。

▲知識就是力量，42 歲出國修成博士學位，是我一生的夢想。

▲ 72 歲的我，剛退休 2 年，正享受活力樂齡人生！

壹、

成長學習及護理研究之路

一、我的成長

改變命運的一分

初中時我以全校第一名的成績自省立中興中學畢業，順利進入臺中女中直升班，成績一直都是名列前茅，父母與師長對我都寄予厚望，希望我能夠考上臺大醫學院，我也自我期許盼能如願。

記得聯考那兩天，可能是緊張的緣故，有點鬧肚子，但還不至於影響考試，每一科我都能正常作答，考完之後，更是信心十足，滿懷期待地等待成績單的到來。盛夏的八月十五日，「徐南麗，掛號信！」郵差先生的聲音劃破了酷熱午後慵懶的寂靜，我本能地往門口衝，一口氣從郵差先生手裡接到兩封熱騰騰的掛號信，一封是大專聯考放榜成績單，一封則是國防醫學院錄取通知書。迫不及待拆了大專聯考成績單，映入眼簾的成績卻令人錯愕！各科成績都不錯，唯獨數學成績只拿到一分，這讓我非常不能接受，「不可能，不可能」的聲音不斷在腦中盤旋。我的數學向來不差，考後曾經對過答案，成績至少可以拿到七十幾分才是，一分的結果顯然並不正常。但當時的我卻因為過於震驚，一時亂了分寸，完全沒有想到可以申請複查分數，家人想必也很錯愕，因此也無法提供我其他更好的建議。後來回頭想想，這個一分的數學成績，可能是分數計算錯誤，也可能是抄錄時的筆誤，但無論如何，它讓我無法去讀我原本計畫要念的臺大醫學院醫學系了。

當時在震驚與沮喪等複雜情緒下，我一刻都不想多待在家裡，只想趕緊逃離。此外，因為姊姊就讀私立大學，家裡已無額外的金錢可供我念其他私立學校醫學系，我帶著一點賭氣、一點認命的成分，隔天一早就拿著國防醫學院的錄取通知書，前去報到，成為護理系學生；就此開啟了十六年的軍旅生涯。而我的人生路，從此刻起，有了不一樣的發展。

開啟軍旅生涯

軍旅生涯前四個月，首先面對的是嚴格、絲毫不懈怠的入伍訓練，對成長過程沒有吃過什麼苦的我來說，真有說不盡的委屈與辛苦。三分鐘內要完成刷牙洗臉，還要將棉被折成方塊，迅速穿著軍裝等動作，對於四十公斤瘦小的我來說，都是一大挑戰。因為動作較慢、表現不夠好，常常被罰做伏地挺身，也會被班長踢腳、踢屁股，只能一邊做一邊哭，也覺得很傷自尊，這對當時十八歲花樣年華的少女心，確實傷害不小。然而訓練終究不會白費，四個月的入伍訓練，練就我強烈的時間觀念。未入軍旅前，洗澡可能要洗半個鐘頭，受訓後，三分鐘內搞定。這對日後護理工作的效率幫助很大，上班八小時的病房照護，經過時間規劃，都能夠得心應手將病人照顧好，且毫不延遲的準時下班。

這是我的第一個人生轉折點，雖然有一些心情波折，還好這個事件在我心中並沒有造成強烈的怨懟。畢竟自己家境不富裕，當下只能接受不正常分數，也沒想過重考這個選項。再說，選擇軍校每月有五十元薪俸，自己用去二十元，還可以存下三十元給媽媽貼補家用，所以軍校生活雖然過得較辛苦，但想到這裡也就覺得值得。猶記當時存了不少錢，還買相機、買睡袍送給父母親當作生日禮物，這在當時都是價格不斐的高檔產品，但我卻有能力買來孝敬父母，在內心也算平衡些。

歷經波折的學習路

人生第二個轉折，是念研究所。雖然學業成績向來很好，也一直很有自信，但不可能事事如願，也曾有過落榜的經驗。民國六十八年國防醫學院成立護理研究所，這是全國第一個護理研究所，當時我在臺中空軍醫院服務，覺得自己有必要再進修，於是與同事彼此鼓勵，一起報考。但終究已非單純的學生生活，在繁重的護理工作之餘還要準備研究所考試，加上是第一屆沒有前例可供參考，於是我體會到失敗，第一年報考護理研究所名落孫山，當時年輕好面子的我覺得丟臉，如今回想，卻感恩自己曾經失敗過。

雖然我在學業上表現一直很好，但是考試失敗的經驗讓我了解失敗者的心理，體認自己並不是始終都站在高峰上，也會跌倒失敗；這對我後來教育不同程度的學生時，有著莫大的幫助，讓我更具備同理心，知道如何從需求面去幫助學生。

二、航護生涯

藍天白雲護理工作

在我的人生中，最值得回憶的就是兩段從事藍天白雲護理工作的美好時光。第一段是民國六十一年接受航空護理訓練後，派任到屏東第六聯隊擔任航空護理師一年，在運輸機上獨立工作的環境，培養出我解決問題的自信，至今仍受用不盡；同時也為我贏得了人生的第一桶金，累積了一百分戰分，可以申請立功結婚，並獲得獎金五萬元及一棟房子。第二段是有幸考取軍援留美，到美國空軍航空太空醫學院接受專業訓練。民國六十三年返國後，擔任空軍空中傷患後送分隊分隊長的日子，對我日後待人處世、忝為人師春風化雨的影響，極為深遠。

第一，在藍天白雲間從事航空護理工作，不只拓展了我的視野，同時也使我心胸開闊，開啟我對空中醫院的興趣。

第二，美國航空護理的專業訓練除了使我思考獨立外，還強化我的專業及判斷能力，訓練過程中結交了各國友人，使我的人生色彩繽紛。

第三，執行緊急起飛後送任務，使我對於時間的管理更加精準，對日後落實醫院行政管理效率，有著極大的幫助。

第四，從事金門戰地後送傷患任務極為辛苦，需要有強健的體格、專業的知識、機警應變的能力以及溝通無礙的技巧，才能圓融地處理突發的意外事件，這也培養出我不怕苦、不怕難的堅強毅力，讓我領悟到「一分耕耘、一分收獲」、「天下沒有白吃的午餐」的道理。

如今我已邁入古稀之年，仍能精神矍鑠，思慮便捷，奔走於海峽兩岸從事傳道、授業、解惑的學術交流工作。回首前塵，內心無比感念航護時期紮實的身心訓練，我才能享有今日的成就與幸福，一切盡在感恩中！以下細細述說這些因航護而開啟護理與研究之路的點點滴滴。

人人欽羨的航護

我出身自單純家庭，絲毫沒有人事背景，從國防醫學院畢業後只能依照規定分發到基層單位。按照成績，我非常幸運地被分發到空軍，加入空軍又是人生另一個重要轉捩點。在臺南空軍醫院服役期間，進入空軍第四期航空護士訓練班，接受航空護理專業訓練，學習如何在飛機上照護病人。民國六十一年，如願到金門前線救助傷患。

當時的航空護理官是人人欽羨的工作，因為待遇和福利都好。民國五十九年畢業時，護理師的月薪俸只有一千元，飛行員則是五千元，是我們的五倍；後來投入航空護理工作，剛畢業的飛行員月薪俸提升到六千元，我則是六千六百元，比飛行員還多了醫護加給。另外因為常常需要往返金門運送照護病人，來回就有戰分四分，這個戰分累積至百可列為立功，結婚還可獲頒五萬元獎金，並優先補助一棟房子，以當時一般人平均月薪資一千元的水平來看，航空護理的工作真是人人嚮往的。我很幸運地累積破百戰分，順利完成一年的航空護理工作，除獲得優渥的待遇外，更習得空中照護病人的技能，是幸運「得」的機緣。

民國六十三年，我考上美國空軍航空太空醫學院，到美國德州進行為期十六周的航空護理進修課程，除了學習專業的航空護理外，還接受高空低壓艙的艙航訓練。美國航太醫學院的訓練課程，啟迪我不同的思維，更拓展我的國際視野；學成回國後，迫不及待地要將所學貢獻出來。民國六十四、六十五年間，著手規劃將空軍運輸機改裝成空中醫療救護機的計畫，在團隊多年共同的努力之下，民國六十七年終於將中華民國空軍首架空中醫療救護機正式啟用。這架專機設有手術室和擔架病房，緊急情況下可以在飛行時同時進行手術，這在當時是一個創舉，更寫下國軍軍醫史上絕無僅有的紀錄。

除了努力實現空中醫療救護機的打造計畫，我也積極更新軍用醫療設備，制定航空護理標準作業程序，規範航空護理操作品質，親自帶領航空護理師到金門後送傷患，並撰寫《航空護理學》一書，希望有效提升航空護理人員的專業素質。因為這些點滴的努力，讓我在二十七歲時當選國軍英雄，更獲得第六屆十大傑出女青年的榮譽，是我人生的第一個高峰。

三、矢志為護理

致力提升護理價值

對於護理價值，曾經發生一個小故事：我在國防醫學院時結識一位男朋友，他是同校醫學系的學長，當時我們一起在榮總實習。男友平常都對我很尊敬，把我當小公主般呵護。在榮總實習時，我要負責幫病人擦澡、更換尿壺，當時設備不如現在完善，常常得從第一個病房開始收集尿壺，一路下來手上總會拎著五、六個尿壺。有一次剛好遇到男友和主治醫師一起查房，迎面見到模樣狼狽的我，男友覺得那個模樣的我瞬時看起來像是歐巴桑，就是做阿嫂的工作罷了，他心目中的白雪公主頓時變成服侍病人的幫傭；再者，平常我對他蠻兇的，忽然間他變成高我一等的醫師，心境變得瞧不起擔任護理師的我，之後就與我漸行漸遠。當時我覺得護理工作是崇高的，發願要讓護理師成為人人羨慕、看得起、尊敬的工作，希望護理的待遇能提升。男友事件，更加深我要提升護理價值的決心。

到美國念博士時，看到美國護理師是備受敬重的。偶然機會請教一位美國男性護理師對職業的感受，他滿懷自信，自豪地說，「我是護理師，一位心臟外科的護理師」，毫無自卑感。他提到身為護理人員有很好的收入可以養家，也擁有自己的專業；在美國，醫師非常尊重護理師，各有各自的專業，所以護理師也以自己的工作為榮。美國的護理師是受到敬重且擁有優渥待遇的職業，沒有人認為護理師是卑微的工作，反觀臺灣的護理師也應該一樣受到敬重。因為這樣的機緣，更深化我堅守護理之路的決心。

由護理師到護理長、分隊長，我在空軍從事內外科護理、航空護理十二年工作後，軍職外調進入臺北榮民總醫院服務，從督導升到副主任的職務，當時我一直努力想要提升護理人員的待遇，但每每提出都遭到打壓。聽過一個過往狀況，有幾位護理同仁曾經提出薪資要有所提升的建議，但是當時的護理部主管對同仁們曉以大義，說「國家都沒錢了，還談個人加薪？」要大家共體時艱。原以為事件就此打住，沒想到幾位提出要求的同仁，年度考績也都沒有拿到甲等，從此以後再也沒人敢提出提升薪資之事。雖然知道向上提議的路已然行不通，但我並沒有放棄為護理人員爭取權益的堅持。

為護理爭取權益

因為榮總幅員廣，服務範圍大，有派到沙烏地阿拉伯支援的，之後臺中榮總、高雄榮總也陸續成立，當時我覺得應該有份雜誌，藉以讓所有榮總的資源可以共享，互通消息，向上提議後獲得長官認同，我順理成章地成為這份雜誌創刊號的執行編輯。第一期雜誌很快地彙整稿件發行出刊，頗獲好評。當時鄒濟勳院長非常讚賞，建議每位護理師每年出資五十元，兩千位護理師就有十萬元，這樣雜誌的出刊基金就有了。後來有盈餘後也開辦會員制，會員繳交的固定會費讓雜誌的基金充裕，可以繼續辦下去而不成問題。當下我就在想，為護理同仁爭取權益的機會終於成熟了，因為雜誌除了印製費外並沒有額外的支出，於是向主管提出支付稿費，不論是研究論文或是發表文章，都可以發稿酬給護理師，結果被主管訓斥了一頓；主管告訴我，「為同仁爭取權益時，要想到整個大局，如果大環境不好，大家都很節省，妳卻要求要稿費、爭取福利，就不太好。」這次爭取因此無疾而終。

這是我出國念博士之前的事情，去美國後發現美國護理師的薪資待遇都很不錯，所以回國後我仍懷抱夢想，想要為護理同仁爭取更好的薪資待遇。第一個想要實現的是，爭取護理主管擔任醫院副院長，如此護理才能進入醫院決策核心，才能了解經營目標及預算；我認為眾多副院長中，至少應該要有一名護理行政背景的女性擔任。但是因為這樣的提議，整個榮總開始謠傳說我想要爭取副院長的大位，也因此造成與主管之間的嫌隙。

當時我是副主任，若爭取擔任副院長，自然是要跨過主任，她心裡當然不會舒坦。歷經這個事件後，我只好收拾起原本積極建言的行事風格，轉為低調。當時確實沮喪又難過，我的初衷是在為大家爭取權益，而不是自己想當副院長，要升也是主任先升，然而過程中阻礙最多的反而來自於護理單位本身，別的職類並沒有阻礙，護理反而畫地自限，我只能無奈地屈就於現實，放棄爭取。

另外，因為我是榮總第一位公費出國進修的行政管理博士，期班較低，許多護理主管的期班比我高，職位卻在我之下，因而體會到要更低調，要同理關注學姊們的感受。當時鄒濟勳院長非常高瞻遠矚，想要提升護理教育水平，鼓勵主任、副主任要有博士學位，督導長要有碩士學位，護理長至少要大學畢業，但在階級分明的體制下，我在榮總的日子從此選擇低調行事，專心從事教學研究，不再躁進爭取福利、權益。

▲在臺北榮總的白衣天使生涯是我的最愛，研究創新得獎無數，每年護師節，院長都會親自頒發研究獎。左為當年的外科名醫彭芳谷院長。

四、進修博士甘苦談

博士光環背後的艱辛

因為國科會學術經費的因緣，幸運的我得以申請到專案獎學金，到美國進修博士學位。在臨床工作多年，無論在品管或行政管理方面，都覺得自己應該要更上層樓，左思右想後決定再去學習。申請國科會的補助通過後，也順利進入美國伊利諾大學攻讀博士課程，那真是一個很好又難得的機會。感覺人生又有了另一個進階的契機，內心雀躍不已。

只是當時已然結婚，又有了兩個可愛的女兒，雖然高興自己爭取到再度進修的難得機會，卻也有著對家的牽絆，好在婆婆願意伸出援手幫忙照顧家庭與年幼的孩子，對此我一直深深感激。在進修博士學位期間，因著對家的掛念，以及一份期待盡快回到臺灣貢獻所學的動力，也因為國科會的經費補助只有兩年的期限，所以只給自己兩年的時間，自我期許在兩年內取得博士學位。所以在美國深造期間，只有一個「拚」字可以形容，平日只有念書、研究，研究、念書，完全沒有其他休閒娛樂，也很少參加同學間聚會，一心一意只想完成課程、取得博士學位，早日回到臺灣。每天早上六點到晚上十二點，像個陀螺般認真進行研究，最後如願在兩年半就拿到博士學位。很多人問我為什麼可以兩年半就能在美國拿到博士學位？因為護理類的博士學位並不好念，很多人需要花五年、七年才能夠拿到學位；我總是回應，「其實，這當中有非常多的故事和心酸，還有我拚了命的努力過程，是你們所沒能看見的。」

學習的周折

這個艱辛過程可以從入學開始說起。我就學的伊利諾大學的一位教授曾經到過臺北榮總參訪，當時由我負責接待，有機會與她討論研究的內涵與方向，我的觀點獲得教授認同，於是當我提出入學申請時，教授立刻核准我的申請。

抵達美國時，才知道這位韓國籍的內外科護理教授，主要是從事生理學方面的研究。她希望我投入這個領域，同時邀請我到她的研究室進行心臟及呼吸系統方面的研究。但因為我申請的研究類別是護理行政管理，這位教授的研究主題不是我的興趣，於是我就向教授提出看法，表達希望可以回到行政研究所，鑽研護理行政管理，但並未獲得這位教授的認同。教授斬釘截鐵地告訴我，「我已經將妳前面的石頭搬走了，妳自己要想辦法鋪平前進的道路，怎麼反而要拿石頭砸自己的腳？妳如果要轉系去念護理行政管理研究，是不會成功的。」

我自己也思考當初之所以會選擇進修護理行政管理，是因為在榮總大部分工作就是擔任護理行政管理，自我期許能在這部分有所提升，所以才有出國進修的計畫。如果依照這位韓籍教授的意見研究生理學，等於花了百分之八十以上的時間在進行臨床研究，但實際上我在榮總卻很少有臨床的工作。如果跟隨韓籍教授研究，反而需要耗去更多時間去學習一個新的領域，卻使得原本熟悉的區塊以及回國需要用上的專業領域無法發揮。於是我斗膽再次跟教授表明，「我可不可以直接去找行政管理研究所的所長？若所長同意，我就直接轉過去做行政管理方面的研究。」教授聽了我的話之後非常生氣，她說，「自己去申請，如果沒有申請到，妳就離開這個學校。」聽到教授這番話，自己也非常擔心，因為如果不聽教授的建議，決心轉到別的系所，將會是一個很大的風險，甚至有可能被迫離開學校，失去這一次進修的機會。

冒險選擇喜歡的科系

我申請到的伊利諾大學是所很不錯的學校，要進入非常不容易，如今卻面臨可能要離開學校的狀況，內心十分掙扎，不知該怎麼辦。但思考著與其念一個自己不感興趣的科系，回到工作卻又助益不大，那麼倒不如冒一次風險，自己去找行政管理研究所所長，報告修完博士學位後回到醫院工作崗位的規劃，以及預期的研究方向，還有之前在醫院主導建置的資訊等。很感謝當時所長非常肯定我的研究規劃，讓我得以順利回歸護理行政管理的研究路線。

伊利諾大學是雙學位制，所以在美國的兩年半期間，我不但進修護理行政管理博士課程，也同時完成了管理碩士學位。當時我告訴行政管理研究所所長，「因為申請的補助專案是兩年期限，所以計畫在一年半當中把所有學分修完，另外半年寫論文，我有信心可以做到。」期盼兩年拿到博士學位這件事雖然讓所長認為實現的可能性不大，但所長還是尊重我的決定，給予祝福，讓我試試。

當時博士學位要修滿九十六個學分，且規定一個學期最多只能修十八個學分，但必須在上一學期課業都得到A以上的成績條件下，才得申請。我評估著若以一般正常情況每學期十二個學分來計算，我得上八個學期的課才能修畢全部學分。於是我加倍努力，第一個學期修滿十二個學分，都得到A的成績，就向研究所提出修十八個學分的申請，立即獲得同意。因為這層緣故，我一年半就把博士課程都修完了。

學分修完了之後，接下來就是博士候選人論文口試。取得博士學位就如同要過五關斬六將，五關的第一關要修完學分，第二關要通過筆試，再來就是博士候選人研究論文計畫草案口試，第四是完成論文，第五關就是研究論文口試。在伊利諾大學攻讀博士學位，我不但要修滿九十六個博士學位的學分，還得補修行政管理碩士的學分。因為我在臺灣念的是內外科護理碩士課程，伊利諾大學認為我沒有管理碩士學位，無法認可直攻管理學博士學位，於是要求補修管理學碩士四十八個學分。兩年間，總計修完博士和碩士的學分一百四十四個，因此我在伊利諾大學拿到雙重學位，一個是護理行政管理學博士，另一個則是管理學碩士學位。

堅持不放棄

猶記第三關博士候選人研究論文計畫的口試有五大題，我有一題被打零分。題目是要我說明護理的模式應該要選擇何種比較合適？並分析利弊。在對談討論中兩位護理口試教授意見相左，甚至兩人針鋒相對，互相爭論，身為口試學生的我看到現場僵局，也只能一語不發，靜心聆聽，當時我的指導教授也沒有做任何表示，我只能安靜地面對一切，但沒想到這一題口試居然被打零分。依照規定，有一題零分就無法通過口試，得再等待至少一學期才能再度申請口試。

我很擔心也很焦慮，跑去找指導教授詢問為什麼這一題會是零分？指導教授跟我說明，「當時甲教授有甲教授的意見，乙教授有乙教授的意見，可是妳卻沒有發表任何意見，自然被打零分。」聽了指導教授的說明，我當下回應，「其實對於兩位教授的意見，我分別有不同看法。」指導教授問我，「當時妳為什麼不表達出來？」我回答說，「這是文化背景習慣的不同，東方人敬畏老師，當甲乙教授都在發表意見且有極大爭執的時候，身為學生的我是不方便表達意見的。請問教授，就西方觀點，我該怎麼表達呢？」指導教授這時語重心長的說，「妳應該把甲教授說法的優缺點以及乙教授說法的優缺點都表達出來，然後說出自己的觀點，以及將來帶回本國自己醫院工作時妳會怎麼去面對的想法，這樣才是正確表達自己意見的方式。我們學校訓練一個博士人才，不但要成為一位教育家，要有前瞻性；要能領導大家，要做領導者；要做研究者；要做諮商者；要有臨床專業知識。如果妳沒有辦法正確引導大家，清楚表達自己的意見，就沒有資格成為我們學校畢業的博士。」

當頭棒喝的提醒

指導教授的一番話猶如當頭棒喝，我才恍然大悟，原來美國文化的習慣是有意見就應該表達出來，不然別人會以為你什麼都不懂。因為這次的對談，指導教授理解狀況，同意給我再次的機會，以筆試來彌補加考這一題，兩位口試教授也同意這樣的做法，經過周折，我的博士論文研究計畫終於通過。

研究計畫通過後回臺灣寫論文，寫完之後提出論文完成的口試。最後一關的口試，大概進行半個小時的口頭報告後被請出，在外等候口試委員討論結果，不到三分鐘教授請我進入試場，當場宣布論文通過，恭喜我可以畢業。教授們給我的評語是，整個口試過程，透過我的說明他們能夠很清楚知道我的研究方向，以及未來回到工作崗位要努力的計畫；再者，我的表達態度展現十足自信，讓他們非常欣賞。經過先前博士候選人研究論文計畫零分事件後，了解在美國要勇於表達自己的意見，要表現出自信與專業，展現自己是有資格做一位領導者、研究者，以及行政管理專家的自信，於是運用到論文完成的口試中，獲得教授們一致的肯定。

出國求學的領悟

拚命苦讀彌補對家庭的虧欠

到國外進修博士學位這一路的過程，我有很多領悟。一開始到美國時，心理壓力真的很大，首先是尚未出國前，已經發現先生外遇的問題，出國後，又不得不將兩個尚年幼的孩子託給婆婆照顧，因此我心裡無時無刻想著要趕緊將博士課程修完，盡快回到臺灣彌補家庭的狀況。

在美國念書的那段期，真是分秒必爭，每天從早到晚，不是專心上課，就是從事行政管理研究。確定論文通過得到博士學位時，就有美國同學跟教授抱怨說，「一個外國學生，怎麼可能在那麼短時間內拿到博士學位？」教授回饋同學，「因為徐南麗用了雙倍的努力，才這麼快得到博士學位。」的確，因為當年美國伊利諾大學的學制是一年四個學期，當同學在放寒暑假的時候，我仍舊不中斷的在上課，才能夠在一年半的時間中把九十六個學分都修完，所以兩年半畢業，並不是僥倖得來的，而是拚命努力產出的結果。

不同文化的薰陶

有一年，曾受邀到喬治亞大學醫學院護理系系主任康瑪莉教授家小住一個星期，藉此更貼近了解美國人的生活模式。經過一星期的生活發現，我們的生活文化真的和美國有很大的不同。另外，在美國生活，他們大都習慣有話直說，較能夠正確清楚表達自己的想法。忠言逆耳，當然有時候聽起來是危機也是轉機，從中也體悟到我的名言：「不能拿過去的知識，來教現在的學生去面對未來的變化，要變、變、變。」

但或許是兩年美國生活的薰陶，回到臺灣述職後，我的敢言，反而招來非議，讓自己成為許多人的眼中釘，而頂著護理博士的頭銜更是遭人忌，難免在工作領域中遇到一些阻礙與不配合。因為在學術方面的成就，加上從國外回來的博士光環，榮總院長就推舉我去參選國大代表，沒想被推舉候選國大代表之後，就開始被抹黑，例如對於我人身攻擊的謠言開始滿天飛，說我家庭不和睦之類的訊息四處傳播，我的家庭私生活被攤在陽光下，讓我非常難受，對於參選國大代表一事當機立斷，馬上打了退堂鼓。

雖然後來我很順利被選為第十四屆中國國民黨黨代表，參與建言，但歷經種種是非，我漸漸轉為低調，不再輕易發表意見，專心從事研究和臨床教學，在榮總後面十八年的日子裡，總是戰戰兢兢地面對工作、面對人事物。後來專心從事教職，帶領護理師進行研究，所以才得以撰寫二十七本書，完成六十多項研究計畫，及出刊論文、學術文章四百多篇。回首顧盼，深造求學之路固然艱辛，但卻歡喜值得。

五、學術研究

回顧我這一生，軍中生涯（連念大學四年半）約十六年半，其中還念了兩年研究所，我是當時空軍第一位取得護理碩士學位的軍官。研究所畢業後，被分發到臺北空軍總醫院，因當時無護理少校的職缺，所以暫以醫務行政少校職務任用，擔任病歷室股長，我虛心接受，沒有任何埋怨，認真努力完成被託付的工作使命。

空軍力量的擴充

在臺北空軍總醫院病歷室時，我負責教學評鑑，也是評鑑報告者。當時負責召集主持醫院評鑑的主任委員是臺北榮總的鄒濟勳院長，和我一樣同是湖南人。他聽到我的簡報後大為讚賞，說「這位湖南小姐表現得非常好，報告內容非常清楚且有條理。」評鑑後不到一年時間，因為我的表現傑出備受肯定，北榮就向軍方爭取將我外調。當時一般只有上校等高階軍官才能外調，我以少校的資格外調感到非常榮幸。不過這項外調計畫，當時引來許多人的疑慮與反對，我仍舊保持低調繼續努力面對工作，後來因為我的表現良好，疑慮和反對的聲音才漸漸平息，取而代之的是支持，最後空軍總司令批准允許我軍職外調，總司令告訴我，「空軍太小了，希望以妳這樣的能力，外調出去能發揮實力、學以致用，就是我們空軍力量的擴充。」

能夠得到總司令的認可，內心是無比的高興，感謝自己的努力終被看見，更感謝所學能對空軍做出貢獻。當時空軍需要這樣的人才，可惜無缺，總司令認為像我這樣的人才應該要向外發展，於是將我調任到榮總擔任督導長。那時候我大約三十四歲，是最年輕的督導長。就任榮總督導長不久，就被長官指派護理部王世俊副主任與我兩人共同負責研究，當時榮總護理的生態只有王世俊副主任與我念過研究所、有碩士學位，基於對榮總護理學術地位有所提升的期待，便將研究任務交付給我們。

提升護理學術地位

在臺北榮總任職期間，一直很想為護理同仁爭取權益，可是不但未有斬獲，還惹出一些爭議，於是選擇低調行事，專心負責教學及研究，並開始努力寫書，透過其他方式與管道提升護理價值，完成了《護理行政管理學》、《護理研究》等書。記得民國七十二年，剛從軍職外調臺北榮總時，中華民國護理學會舉辦護理研究論文發表，當時臺北榮總一篇研究論文都沒有。民國七十三年，北榮護理部開始舉辦研討會，教他們如何進行研究，短期內即獲得很好的成效，如第一年就有二十二篇文章發表，當年護理學會全部只有七十篇文章發表，其中二十二篇便是由臺北榮總發表，占了近三分之一，這是相當不容易的，立下榮總在護理學術界的地位，自此臺北榮總護理部的研究風氣被帶動起來，護理價值也逐漸壯大。我自此更專心從事學術研究，不再強出頭爭取待遇或薪資，轉而以學術研究地位來提升護理價值，自己不但成為第一位從臨床升等的教授，護理同仁也在教導後彼此互相激勵，陸續在國內外發表不少研究論文，提升了他們在學術界及國際的地位與價值。

二十二篇護理論文被發表刊登，在當時是很高的成就，榮總長官對此讚譽有加，後來乘勝追擊，又提出開辦雜誌的任務。榮總的幅員廣大，當時臺中榮總正在籌建中，與沙烏地阿拉伯也有醫療方面的建交合作，護理單位有時須出國到國外做學術交流。基於這種種的考量，護理部主任提出創辦雜誌的積極做法，希望能夠透過雜誌促進學術交流，共享資源。

雜誌確實是活絡學術交流與提升學術風氣很好的管道，於是啟動辦雜誌的計畫，當時護理部王瑋主任希望我承擔這份任務，我也義不容辭自動自願承接，成為這份雜誌的首屆執行編輯。之後國科會有研究講座經費可以申請，也嘗試去申請，於是雜誌的傳播交流與學術講座結合，相輔相成，讓榮總的護理學術風氣不斷提升，獲得很好的肯定與回應。

研究再進階

赴美國進修取得博士學位後，回榮總任職護理部督導長，不到一年就晉升護理部副主任。回國不久後曾有長庚醫院高層主管來拜訪，邀請我去長庚醫院任職。因為當時我是臺灣第一位護理行政管理學博士，長庚醫院開出高薪邀請我。考量臺北榮總對我一路栽培，順利取得博士學位回來，著實沒有道理跳槽，所以毫不考慮地婉拒長庚醫院邀約。這是第一次有人來邀請我、給我工作的機會，因為過去是軍職人員，一輩子不曾自己去找過工作，都是接受軍方的指派分發，從來也不需要思考找工作的問題，即便後來從榮總退休到慈濟，之後又到元培，都是接受邀請而去的。這也是我一生中覺得很自豪的一件事，我的工作都是受邀請的，從來沒有必要自己去找工作、討生活。

婉拒長庚醫院的邀約後，我便專心在榮總服務，工作內容大約包含百分之十的臨床、百分之五十的管理、百分之二十的研究，以及百分之二十的教學。因為我的規劃、安排、執行都很清楚，教學目標也很明確，更是用心訓練學生的臨床技術，手把手的教，同時帶著學生做研究，到目前為止，大約已完成二十多本護理行政管理及研究方面的論文書籍。這些論文書籍，有些是研究計畫，有一半以上得過國科會的獎項，有些是在榮總與同仁們一起完成的研究，並加入期刊投稿的文章，將教學與研究整合在一起，相輔相成，學術成效極佳。

在學術方面，頂著博士學位的資格，回到臺灣就直接升等副教授，後來又繼續升教授。一般護理學界要晉升教授真的是很不容易，我是臺灣第十位晉升教授，卻是第一位由醫院完全從事臨床護理研究升等教授的。升等教授的條件之一是論文必須在SSCI、SCI發表過，當時臺灣的雜誌被認可屬於SCI的水準並不多。我升等教授的那一年，提的論文是以榮總護理人員為研究對象，研究他們的工時及工作內容，是一個很大型的研究，獲得許多學術的認可。我花了很多時間在蒐集護理師們工作內容及工時的資料，論文審核委員認為這個論文很有開創性，極具參考價值，才順利通過論文，確定升等教授。

自此在榮總就專心從事教學，許多護理基層及行政管理人員都是由我帶領的。那個時候，臺灣的學術氣氛逐漸明朗，許多對岸的醫界及學術界，希望兩岸能夠有密切的互動，當時榮總是兩岸交流第一首選，大家都非常期待能夠與榮總合作。那時大陸來臺交流合作都需要有保證人，我一直在這個領域努力，所以也為兩岸醫界進行學術交流做了多年保證人，例如：北京協和醫院、北京大學附屬醫院、湖南湘雅醫院、湖南中南大學湘雅護理學院、南京東南大學、上海兒童醫院等大學及醫院，都曾派人來台北榮總進修。

當然我也經常應邀至大陸演講授課。澳門科技大學畢業的張栢菱就是我所教的最後一個博士生。。如今反觀對岸，感受到他們在醫療與學術層面的長足進步，以前是他們跟我們學習，現在他們自己在各方面也迎頭趕上。好比薪水，他們已經比二十多年前提升了很多倍，但我們臺灣卻幾乎原地踏步；又譬如數位化，他們也是跨大步地學習、進步及創新；這些都是我們要好好深自檢討與努力的。

▲ 2015 年我應邀至湖南中南大學湘雅護理學院演講，學院還特別以大型海報刊登以示歡迎。

▲「北協和、南湘雅」，我的家鄉湖南中南大學湘雅護理學院是聞名世界的白衣天使的搖籃。右為當年護理學院的院長何國平教授。

▲ 2016 年曾到北京朝陽醫院演講並贈送本人著作，含雜誌書籍教學光碟等，護理部主任高鳳莉（右四）特贈榮譽證書給我。

◀北京協和醫院和台北榮總常有學術交流。我經常應邀演講授課，教導他們如何提高生產力及學習研究技巧。右為前國防醫學院院長王先震教授。

貳、

人生轉折

前些日子與幾位資深長官聚會，席間有人提到，「人生許多重要轉捩點，往往在年輕時是看不到的，等到年紀大了細細回想，才發現當時自己有許多機會沒有把握住。」這讓我思考到自己歷經數十寒暑，也到了隨心所欲不逾矩之年，回顧這七十二年來，從軍旅生涯十六年、榮總十八年、慈濟六年，直到元培服務十年後退休，人生幾個重要階段的大轉捩點，值得記錄與大家分享。

一、選擇護理

我在中學時就對生物非常有興趣，所以當時選擇丙組，丙組的第一志願自然是醫科，後來陰錯陽差念護理後，一開始確實有極大的落差感和遺憾，因為臺灣的醫護落差不小，不論是社會地位、待遇或是工作性質都有差別。這當中曾經有可能轉換的機會，是赴美念博士班時，朋友勸說博士念三年，何不去念學士後四年的醫科，一樣可以取得醫師資格，勸我轉習醫。但我還是堅持護理之路，因為多年的護理學習以及臨床服務體驗後，感受到護理不同於醫師的價值，都需要有人願意認真投入，而我，並不後悔當初的選擇。

一圓滿美國博士夢

為提升實力，督促自己往研究之路繼續努力，借鏡先前報考研究所失敗的經驗，決定赴美進修護理行政管理博士學位的當下，更是準備充足。在醫院工作多年，覺得需要再加油充電，無論在品管或行政管理方面，都覺得自己應該要更上層樓。大學階段所受的護理訓練是內外科護理，行政的專業領域較少著墨，左思右想都覺得自己應該再去學習。確認自己的動機和方向後，積極申請國科會的專案獎學金，並申請美國幾所博士班研究所，那真是很不容易，更是一個很好的機會。感覺人生又有了另一個進階的契機，內心雀躍不已。

婚姻裂痕

當時已婚，有著兩個寶貝女兒，申請上博士班的喜悅，第一時間就想與家人分享。獲知申請上的那一天，下班回到家，興奮地告訴先生，「我申請上美國的護理行政博士班，想去念書，這一去是兩年，你會支持我嗎？」滿心歡喜的我，立刻被潑了一桶冷水，先生冷冷的說，「要去念書可以，但我沒辦法保證分開這兩年，我們的情感不會有任何變化。」先生如此直率，我並不訝異，因為其實無意中已發現當時他有外遇女朋友，只是一直沒有戳破，期待他能自己覺悟。

先生是非常優秀、技術超群的戰鬥機飛行員，平常都在臺中空軍基地，我則帶著兩個孩子在臺北，夫妻分隔兩地，彼此關係漸漸疏遠，雖也發現親密關係不如從前的蛛絲馬跡，但當時的我太有自信，覺得他不可能拋下我，因為我對他是極度的信任。

婚姻和進修之間面臨了得與失的抉擇狀況，評估現實情勢與自我的心聲，決定遠赴美國進修博士學位。朋友曾說我這個人的想法比較大格局，雖然婚姻出現危機，同時還有兩個年幼的孩子需要照顧，但工作上已經遇到瓶頸，去念博士學位繼續學習更是我人生的夢想，如果放棄這次機會，可能一輩子都將會是遺憾。強烈的求學渴望，促使我做出赴美進修的決定。另一個動力則是我的婆婆，婆婆很照顧我、對我非常好，知道我的心願，答應在我出國念書這段期間幫忙照顧孩子。也因此，我得維持這個家外表的完整、表面的和諧，也就把先生外遇的事情隱忍下來。

悲喜交加

在美國念書期間，非常努力認真，一心只想趕快修完博士學位，回到臺灣再開始新的人生。拿到博士學位回臺之後，心想一切應該可以重新開始，希望修復與先生的關係，把孩子接回自己帶，結果先生又第二次外遇。我審慎思考，「人生誰無過？犯錯一次，還可以原諒，但如果同樣的錯再犯第二次，我就不能夠接受了。」於是二話不說，立刻決定與先生離婚。

在拿到博士「學位」、人生最高峰的歡樂階段，卻面臨婚姻破碎，失去「床位」；事業上本來應該是人生很神氣的時刻，可以從督導長晉升副主任，卻因為家庭，整個心一下子跌入谷底。在那個年代，離婚是一件很不好、丟臉的事，往往會面臨很多耳語。身為護理主管，卻沒能經營或管理一個正常完整的家庭生活，難免受人指點，所以我非常低調，盡量不讓同事知道，二十多年都不曾主動提我已離婚的事。這二十年來，自己辛苦把兩個孩子帶大，用很正向的方式帶她們，所以雖然是單親家庭，孩子的心態都很健康，沒有任何偏差。因為婆婆對我很好，我也不想因為大人的問題，阻斷孩子與爸爸及婆家的互動，所以跟先生還是維持像朋友一樣的關係，不論逢年過節或是普通假日，隨時都能讓孩子回去看看爸爸和爺爺、奶奶。

婚姻雖然不完整，但念博士的夢想卻也圓滿了。人生本就有得有失，許多事也無法強求，值此階段回顧，慶幸自己並沒有放棄完成夢想，才得以將在美國學習與經驗到的人事物，運用在往後的護理行政及教學上，嘉惠更多的護理同仁及學生。

二、面對疾病

乳癌悄悄降臨

度過失婚日子，一切生活也慢慢好轉，沒想到在五十歲這個階段卻得到乳癌，這是完全出乎意料之外的事。因為工作與家庭事務忙，疏忽自己身體的變化，輕忽自己的健康，甚至不想面對。發現乳房有硬塊異狀的時候，也沒有特意放心上，甚至以為是月經來造成的乳房腫脹。再者，當時自己在榮總內外科病房工作，一般外科醫師與護理師彼此都認識，根本不好意思去看診。後來症狀越來越明顯，只好到和信醫院就醫，一般外科陳啟明主任在幫我做切片後清楚的告訴我，是乳癌，要我決定何時開刀及做化療，並將心比心、誠心建議我回到榮總治療，一邊工作、一邊治療較方便。

平常心看待疾病

自己在一般外科看過很多乳癌的病人，當時覺得有些病人的不舒服，是心理作用居多。因為化療的副作用大小往往因人、因態度而異。曾經看過一位因做了化療掉頭髮而戴著帽子的病人，見到有人推著化療點滴架子走過來，就會有一陣想吐的感覺。這位戴帽子的病人可能是因為看到別人打化療，心理投射到自己做化療時的感受，而有暈眩、想吐的感覺，其實有時候是心理反應過度，以致影響生理。這個感受在我自己做化療後得到驗證，當時決定接受化療的時候，一般外科主任雷永耀醫師就跟我說，「妳的生活就當作跟以前一樣，只不過多了要做化療這一件事，要用平常心去看待。」雷主任建議，「如果想對自己好一點，就住院慢慢打、慢慢注射。」我非常認同主任的想法，決定住頭等病房，把原本可能兩小時注射完的藥物，延至十小時，讓自己好好休息。十二次化療我全都住院，均是周五開完會就住院打化療，當晚打完就回家休息，週一正常上班。十二次化療療程，沒有對生活造成太大的影響。只記得有一次化療時，主治醫師出國，換另外一位醫師幫我治療，結果那次我吐得很嚴重，因為這位醫師沒有按照主治醫師的步驟或止吐藥給藥順序，我不適應，因而造成比較大的副作用。

戰勝乳癌的歷程

得到乳癌是我一生中很大的遺憾，但也因為乳癌，讓我很多的觀念都改變了。我很後悔的是，自己不在意身體的變化，拖到很後期才去檢查；身為護理人員，還在一般外科任職，卻因為自己尷尬的身分，反而不敢就醫，結果耽擱了治療的黃金期。根據醫學研究，癌症發病的心理歷程，一開始是否定、生氣，後面就會演進到與癌症對抗的戰鬥期、磋商期及接受調適期，護理人員的身分，反而讓我的否定期延長，不願直接面對現實的時間拉長。

大病後的體悟

當時罹患乳癌第三期，經過治療之後，一路走來，有一些體悟。第一要了解預防勝於治療的觀念，抓住黃金時間是非常重要的。癌症真的要早期發現才能早期治療，因為越到後期，癌症的惡化是倍數成長，所以不得不重視關鍵時刻。當時因為自己怕尷尬，差一點耽擱治療，慶幸接受了和信醫院陳啟明醫師的建議，他要我直接回榮總立即手術，我才能在病情不可收拾前及時開始治療，並維持正常上班。反思若能早期發現、早期預防，也許不必手術或化療。

乳癌治療歷程體悟的第二點是，化療應該有標準程序，可以減輕許多化療時的不適，所以只要主治醫師多費一些心思，就可以達到更好的舒適治療效果，也不會造成過大的副作用。比如說，每一次安排化療入院時，我會讓化療藥物注射的時間拉長，讓身體運作和化療藥物盡量取得平衡，接受化療過程中，常常讓自己起身走走動動，喝水、喝果汁也能降低化療副作用。

另一個體會是，治療期間病人不要把重心都放在自己身上，像我接受化療期間還是過著正常生活，百分之九十觀看外面的事，只有百分之十的心思是放在化療這件事情上，因此生理上並沒有太大的影響；另外，在心理上的轉變，因為我用平常心看待化療，生活如常，所以也能降低副作用的發生。在完成第一次化療後，因沒有太大不舒服的狀況，更強化面對後面多次化療的信心。我告訴自己，能過第一次就能過第二次，過四次就過了三分之一，過七次就及格了，十次就快畢業了，一直正面積極鼓勵自己，給自己加分，所以心理建設對化療的效果絕對有正面強大的幫助。

健康要自己負責

還有，化療之後的自我護理更是重要。因為做化療會讓全身累積非常多的毒素，把毒素排出來是很重要的。當時許多護理學教授以及身邊的朋友，都建議我去看中醫，吃中藥來排掉化療所產生或遺留的毒素。化療後，我長期拉肚子，四肢末端都發黑，末端循環不良，表示很多毒素累積，於是聽從好友成大護理系趙可式教授的推薦，到臺中一家神豐中醫診所就診，診所裡的陳貴發醫師開立要自己煎煮的藥方供我服用，排毒效果很好。兩年後，經過陳醫師評估、把脈、看舌苔等檢查後，告訴我可以停用中藥了。

化療後的一年，是身體調養的關鍵時機，除了透過中醫調養化療後的身體，也需要自我按摩，每天自己按摩所有的關節；因為我左手腋下的淋巴都被摘除，所以每天都要進行拉手伸展的運動；還要多喝白開水，慢慢將體內毒素排出。剛開始排不出汗，後來透過運動、爬山、多喝水、經絡按摩等方法排出來了，但排出來的汗都很臭，也經過調養漸漸改善，毒素排完，汗就不臭了。化療也會讓體內外皮膚的濕氣很重而得皮膚病，我就用吹風機把身體和皮膚吹熱，去除濕氣。若有因化療而掉髮的狀況，可以去買假髮，建立自己正面形象，並轉移對外型改變的注意力。

心理的健康也很關鍵，要不斷鼓勵自己，要自愛才會被愛，健康是自己的，所以身體要自己照顧。我寫了有關乳癌的研究及照護心得，歡迎上「徐南麗教授研究室」網站的學術著作，有幾篇可參考，如〈郭林氣功與癌症〉、〈希望運動使我戰勝癌症〉、〈我戰勝了化療〉、〈我戰勝了乳癌〉等文章。

我就是有恆心、有毅力、堅不放棄，很用心地運動強化體力，照顧自己，經過一、兩年的努力，末梢循環變好，手指末端的黑色素漸漸退淡，整個人變得元氣滿滿、活力十足。面對疾病以及治療的態度非常重要，要花時間好好照顧自己，六、七十歲以後的生活，都是年輕時候累積而來；後面的路是怨恨凶險，還是快樂健康，都是自己創造的。健康要自己負責，半點不由人。

▲在大病初癒後深刻體會，護理人員一定要有健康的身體，自己負責做好健康管理，才能照顧好病人，用愛照亮世界。

三、榮總生涯

放下之後海闊天空

我很少提到從榮總退休前的那一、兩年的日子，因為那是人生中最不想回憶的一段。當時的主管對我很不好，有些人認為，也許是她嫉妒身為副主任的我升等教授，她卻只是副教授。她常常當著大家的面公開問我什麼時候退休，且每隔幾天就問，感覺就是一直在逼我離開，造成心理很大的壓力。

當年我約五十二歲，連軍職外調年資合計工作已經滿三十年以上，合乎退休的條件，但因為退休就得搬離宿舍，時值小女兒高三待考大學關鍵期，未能決定將來要在哪裡念書，不確定未來是否會跟我一起住，也買了房子正付貸款中，種種因素讓退休之事在心裡猶豫著。小女兒很貼心，知道我的擔憂，主動說她可以與同學一起在外面租房子住，要我不用擔心。有了孩子的支持，心裡比較踏實，對於退休一事也就不再那麼排斥。沒想到退休的訊息傳開後，很多單位都來找我，甚至大陸也有單位來與我聯繫，一下子變得炙手可熱，因為我已經是教授等級，在當時，具有護理背景的教授不多。

轉念後的豁達

決定退休，除了被逼退的原因外，還有另一個因素是我太累了。退休前，因為乳癌關係正在做化療，周五化療後，周一正常上班，沒有請過假，可說是全勤的工作狂。但若整天十幾個小時連續工作，我的體力往往無法負荷。偏偏主管經常開會延遲超過午休時間，會議一點鐘結束，一點半馬上就要上班，只能草草解決午餐，根本沒有多餘時間可以休息。擔心長久下去，身體支撐不了，於是向主管請求改成下午兩點上班，卻未獲批准，所以那段期間真的非常累，我心知如果長久繼續如此，對身體沒有好處，於是決定申請退休。

如今回想，應該感謝這位主管，因為退休後的十六年，是我人生非常精彩的一段時間。如果當時她沒有逼退，也許我還會在榮總一直工作下去。當初其實還是擔心，退休後少了薪資收入，房貸該怎麼辦？孩子念書怎麼辦？但在身心俱疲下，索性就放掉一切，卻才發現其實自己還有很多機會。仔細想想，主管反而是我生命中的貴人，因為她，讓我後段的人生變得精彩又豐富，工作事業順利，收入雙倍，加上理財得宜，使我的後半生不必為五斗米折腰，誠如女兒所說，我現在的生活是苦盡甘來，真是一點都沒錯。

四、緣定慈濟

證嚴法師盛邀

退休後有機會進入慈濟大學護理系任教，那是完全不一樣的感受。在榮總的身分是副主任，是主任的幕僚參謀角色，要管理的人員多達兩千多位。到了慈濟大學，擔任系主任、研究所所長，師生雖是只有一、兩百人左右的小單位，但整個系所的事務可以主導，學生的課程規劃可以作主，盡情發揮所能。六年下來，績效顯著。

認同慈濟精神

當時國內外非常多單位邀請我過去就職，但我為什麼會選擇慈濟？其實當時最想去大陸，對岸非常需要像我這樣的人才，沒有語言文化隔閡的問題，又是留美學人，專長行政管理，此外研究也做得很好，創辦過雜誌，所以他們邀請我擔任顧問，並給我非常好的待遇。慈濟大學也在那段時間發出邀請，請我到關渡與證嚴法師會面，當時在慈濟關渡園區裡，我先與林副總面談，想了解慈濟請我去做什麼工作。面談的時候，證嚴法師走過來，很親切地問我什麼時候「回家」？我就回答還沒有做決定，證嚴法師點點頭便轉身離開。與林副總懇談的過程中，證嚴法師二度過來再問什麼時候回來，我仍舊回說尚未決定。第三次過來我們再度見面時，在旁的一位師姐好心走到我身邊說，「證嚴法師已經這樣求妳了，趕快答應吧！」林副總也說，「慈濟將來也會在大陸發展，現今慈濟大學非常需要您這樣的人才過來幫忙。」我就在那樣的情況下答應先幫忙一年。後來才知道，證嚴法師的弟子都是法師一句話，弟子就答應做了，證嚴法師三次來問我，非常少見，自己都覺得很不好意思。

那時的我很少接觸佛教，完全沒有任何慈濟背景，後來慢慢了解證嚴法師的理念，也很認同慈濟精神。證嚴法師旁邊的師父都非常客氣，有機會到精舍，師父總會把我拉到前面，讓我有更多機會可以向證嚴法師報告。剛開始去慈濟，聽到許多學生抱怨慈濟大學的約束比較多，例如師生都要穿制服，但自己親身去體驗後覺得還好。這是我帶學生的態度，一定會去親身體驗，才知道如何貼近帶學生。當時的心境是想，即使只做一年，也要盡心去了解慈濟文化，用心把學生帶好，沒想到這一做就做了六年，直到父親往生，為照顧母親盡孝道才不得已請辭，由花蓮返回臺北侍奉老母親。

落實教學理念

到任前一年，慈濟大學護理系的考照率是百分之五十，我加入後的第一年考照率提升到百分之六十，第二年百分之九十，第三年百分之九十三，第四年已達百分百。證嚴法師非常開心，當時還豎起大拇指說，「護理系第一次表現得比醫學系好，真棒！可以繼續依照徐教授的理念辦學。」證嚴法師非常肯定我們的努力，還頒發二十萬獎金鼓勵。當時強烈感受到自己當主管可以獨當一面、帶著同仁一同朝目標邁進，而後得到成果，並獲得肯定的滿足和喜悅。慈濟給了我一個很好的展現舞臺和機會，讓我得以帶領護理系師生往前邁進，不僅提升護理水準，也讓師生對慈濟的四大志業、八大法印，如慈善、醫療、教育、人文，及國際賑災、骨髓捐贈、環保、社區志工等，有了進一步的了解。

護理考照率百分百

學習照顧別人

擔任慈濟大學護理系主任時，幾乎所有學校活動我都盡量參加，例如每年家長會，都會藉機仔細了解家長的想法。記得有一年的家長會，一位家長表示她的孩子以前根本不理會她，也很少回家，大二同學開始到醫院實習，並參加「慈誠懿德爸媽的聯誼會」（簡稱「慈誠懿德會」，是慈濟教育志業的特色，也是教育史上史無前例的創舉。由一群慈濟志工擔任學生生活等方面的陪伴與輔導角色，志工們身體力行、以身作則，引領學生規範自我行為舉止，涵養內在與氣質。）以及志工團體活動，同時也參加偏鄉義診服務，孩子的態度漸漸改變。孩子覺得自己對不認識的人都能如此付出、照顧，更何況是自己的父母親，所以對待父母親的態度進而改善，會幫忙做家事，也對父母尊敬。這位家長覺得孩子的轉變，是因為從學習照顧別人中體會應該敬重自己的父母，孩子的心態轉變了，家長因而覺得把孩子送到慈濟念書是值得的，因為孩子好像撿回來了，本來不那麼親近，現在態度截然不同，人格變得正向成熟。

還有一次，有個學生家長表示他的孩子參加甄試時，本來是選擇陽明大學，但是上網蒐集資料，與慈濟人會談過後，孩子轉而選擇慈濟大學，因為他覺得慈濟大學護理系比較好，畢業不會失業，馬上有醫院可以服務，很棒！這對慈濟大學護理系以及時任系主任的我來說，是無比的榮耀與肯定。

師生共同成長

有人問我，四年之內讓考照率達百分百是如何辦到的？其實我並沒有什麼特殊的神奇功力或訣竅，就是步步踏實地面對困難、解決問題。剛到慈濟大學時，首先面臨的是師資不穩定，因為到偏遠後山花蓮任教的老師多半是暫時東漂，一種過渡心態，只想短暫在花蓮，一旦有缺額，立刻北調，很難在花蓮生根。因此留住師資，也是到任後首先要面臨的大問題。為了跳脫現狀，我改變政策，不願再受那些過渡心態的影響，而主張培植當地人才。積極培育在地護理行政主管，學校主管也盡量招聘當地人才；師資方面優先錄取晉用花蓮當地醫院的護理主管，再培養他們攻讀博士班，提升學術地位。所以到任第四年，已無師資缺額，全數補滿，流動率幾乎是零。師資穩定，學生進步，老師們得到成就感，可以專心教學研究，努力升等，如能從助理教授升等副教授，再升教授，留任率自然提高，教師的品質也會跟著提升；慈濟大學護理系原來只有我一位教授，後來越來越多，持續進步。

師資的質與量逐步穩定提升的同時，也從課程規劃與臨床實習面向強化學生的護理實力。除了讓學生從課堂中學習紮實的理論基礎外，再從臨床實習學習照護病人，從中慢慢體會各種觀察病人的知識技能及溝通技巧，學習到照顧病人的全方位能力，培養他們的正確態度。學生從中漸漸進步與成長，就越來越有自信，每天都在學習，每天都在進步，每個年級按部就班學習，累積下來，可以看到學生臉上散發出來的光采、自信與展現能力，那是身為老師最大的驕傲和成就。

▲考照百分百，為慈大護理系寫下歷史。學生愛我，我也愛學生，讓我們一起讓護理提升——夢想起飛吧！

◀二年級的同學接受加冠典禮是護理系的大事，我會親自為他們加冠。證嚴法師每年也都會親自參加為他們祝福。

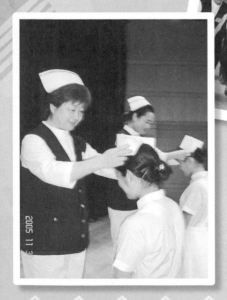

學生自豪為護理

樂在護理工作

有位慈濟大學護理系的學生，畢業後到臺大醫院任職，服務兩年就當選模範護理師。當年臺大有兩千多名護理師，她能雀屏中選，相當不容易。這個學生屬於傻大姐型，個頭高，很親切。問她何以當選，她單純地說，「病人說看到我就很高興，因為我一進病房就會對病人微笑。」慈濟畢業的孩子很受歡迎，我回榮總與前同事見面時，同事都說慈濟的孩子太棒了，都會主動查看病歷，了解病人病情，下班了還會主動留下協助。孩子們多是心甘情願、樂在護理工作的，這都是學生階段慢慢培養出來的重要精神。

曾經對幾位「男」丁格爾有較多的關照。這些孩子剛入學時，別人問他們是哪個系的，幾位男生都不敢說自己是護理系，只說是醫學院的。到了畢業時，再問他們，他們已經可以很自豪地說自己是護理系畢業的，這樣的轉變讓許多老師都非常感動、很歡喜，證嚴法師也很肯定護理系的成長與轉變。早期證嚴法師只參加醫學系的醫師授袍典禮及護理系的加冠典禮，顯示其重視的程度，這也讓學生們會很自豪自己是護理系的，因為每一位護理系學生，將來都可能是證嚴法師所說的「白衣大士」，是很崇高、很受敬重的。

記得有一屆護理系畢業典禮結束後我經過一位男學生身邊，學生居然跟我說，「主任，我可以抱抱您嗎？」我不假思索立刻回說，「當然可以啊！」穿著慈濟制服的我，歡喜地擁抱學生，他的母親在一旁看了說，「兒子啊，你都沒有這樣抱過我。」這個畢業學生很貼心，立刻轉身抱住媽媽，跟媽媽說，「媽媽，謝謝您！」當下好感動，能教出這麼懂事的孩子，真的非常欣慰。

強化護理價值

學生中有些人在入學前就表現很好的，例如有一位男生，在面談時問他為什麼來念護理系，他就說因為阿嬤生病中風，他很想多學習怎麼照顧阿嬤，想學到更好的知識、技術幫助阿嬤復健。這就是自己本身有動機，學習之路會更好更順暢。也有一開始不喜歡護理，是被逼著來念護理的，後來因為同學之間的互動及實習經驗，彼此互相改變，以及老師的用心帶領，學習心態調整後，漸漸接受並喜歡護理工作。

在榮總十八年的歲月裡，就算從美國念博士回來後，直接從督導長升任副主任，終究是幕僚角色，只能聽從主任決策，提出的意見若主任不予同意，就無法執行實現。退休後進入慈濟大學，才有機會得以伸展志願、發揮所長，努力留住當地人才、培育在地人才，課程也經過系統性規劃，反應都非常不錯，學生從沒有自信變得充滿自信，考照率從百分之五十提升到百分之百。當時就是全心投入，一個人當成五、六個人在用，從擔任系主任、研究所所長、教授，帶領博士班，擔任慈濟醫院顧問，還獲選為花蓮縣護理師與護士公會理事長，多重角色重疊下，讓我必須一大早出門到很晚才能把工作做完。

當初證嚴法師說，到慈濟工作的話只有一句話叮嚀，就是要「全心全意」投入。她要我把臺北所有的兼差都停掉，當初我在臺北醫學大學、國防醫學院、陽明大學等好幾所學校兼任研究所課程，但是證嚴法師說，一旦到慈濟大學就要把這些都放下，所以我就全部放下，在花蓮慈濟大學宿舍待下來，住在那，工作在那，全心全意付出。很感恩這一切安排，讓學生和我自己的護理價值，一起都被提升了。

▲在慈大任職時每年護師節，我總是會帶著慈濟的孩子比賽手語，展現護理之光，發揮慈濟大愛精神。

◀每年中秋節我會自費發給每一位同學一個柚子，讓他們有在家的感覺，師生感情融洽，情如親人。

五、十年元培

教育因緣再續

教與學的平衡

父親往生後，我不得不離開慈濟，返回臺北照顧當時八十五歲高齡的母親。父母親本來都是自己住，三個女兒各自成家，周末假日及逢年過節則會回去陪伴，並輪流照顧。父親走了以後，只剩下母親一個人，我們三姐妹決定輪流排班照顧母親。但我們低估了貼身照顧老人家的困難度，三姊妹都是近六十歲的人，一段時間後，我們都疲憊不已，經過非常多次的溝通說服，母親才勉強答應我們聘請外傭照顧，我也得以鬆口氣，有機會再度回到學校教書。

後來雖然有很多所學校邀請我，但元培科大提供的條件最符合我的特殊情況，即元培同意讓我一個星期到新竹上兩天班，授八小時的課。十足誠意與彈性時間促使我進入元培，直到七十歲退休，多賺了後面十年的豐富教學生涯。當然我也誠心回饋元培，善加利用彈性時間，以電腦、手機、資訊、傳信、臉書等工具和學生溝通。以往的工作，都是在比較頂尖的環境，帶領的同仁或是學生都有一定程度。到了元培，有些學生程度不若以往，我就盡量去了解這些學生的程度與需求，嘗試調整教學方法，與學生對話，漸漸抓到訣竅與方法，教與學之間取得平衡，彼此都能有所成長。

在元培有機會帶到在職班，因為在職班學生的臨床經驗豐富，許多教授不太敢帶，但對有多年臨床經驗的我來說，卻是駕輕就熟。帶領在職班學生進行研究，要能清楚掌握他們的研究題目。榮總時期我幾乎每大科都待過，所以很清楚要怎麼培育這些在職班學生，教他們如何選擇題目、怎麼進行分析、怎麼撰寫報告，我的要求很嚴格，讓學生們紮紮實實學到了完整的研究技巧。為了鼓勵學生，研究做得比較好、論文寫得比較好的學生，我會把他們的研究論文修改後，在我主編的《健康與建築雜誌》上發表，學生們就非常開心，很有成就感，更增加自信心，與提升了研究能力。

▲我總是鼓勵學生多看雜誌，勤做研究，有好作品我會幫他們登載在《健康與建築雜誌》上。

護理一代宗師

正確觀念的養成

護理是照顧人的行業，就如臺語以「呼你」表示，含有「給予」的意涵，這也明白點出，護理本身就是一個付出、給予的工作。從事付出、給予、照顧人的工作者，不但要懂得照顧好自己，更要在學習路上認真精進，否則技術、學術、學藝不精，不但誤人，更誤己。深知這層意義，所以在教育護理學生時，都會告知明確的學習目標和護理使命與精神。

現代的年輕孩子們，大多受到很好的照顧，甚至有些「直升機父母」，過度保護孩子，什麼都替孩子安排好，結果教育出無法對自己負責、壓力忍受度低，甚至自以為是的孩子。這樣的孩子成長後投入職場時，往往處處碰壁，很難融入工作，若投入的是照顧人的護理工作，豈不令人心驚？來到元培，重新投入護理教育志業，我盡所能去理解年輕學子們的家庭背景與生活學習，若遇有偏差者，必盡心給予指引。期待能在護理學習階段，培養正確人生觀念，學習任事盡責、勇於承擔的態度，日後課業學成，才能真正幫助病人，成為一名讓人感謝、令人敬重的護理人員——白衣天使。

記得有一次，小孫女不明原因打了我一下，當下立刻嚴正告訴她：「不可以打人。」因為我要讓她知道打人是錯誤的行為。我無論是在教自己的小孩，或者是教導學生，都秉持著「有錯誤就要馬上指正」的原則。以前學生犯錯時，我也會不假辭色當面訓誡他們，但學生們總覺得「老師不給面子，當著那麼多人的面說我！」後來我了解，教育要達到效果，需要更多的技巧，不僅要避免讓學生感覺臉上無光，而是希望他們學到正確的知識與觀念。

身為護理人員的成就感

心懷感恩心，也是人人須具備的心念。我常會提醒這一點，也會要求學生要對老師的教導與付出，給予正向的感激與回饋。比如說完成一項作業或報告，還有每年的教師節，學生都應該主動以行動表達出對老師的感謝，對老師說聲「謝謝」，更是最起碼的禮貌。很感恩多年來，我教過、帶過的學生，都能懂得感恩，能給予我正向的回饋。

曾經遇到畢業的學生，述說在念書時很不喜歡我嚴格的要求，但是畢業後到了職場，才發現老師嚴格教導的點點滴滴，反而讓她們在工作上非常得心應手。他們發現我教的東西，可以學以致用、非常實用。我就是那種當下學生可能不太喜歡的老師，但也許畢業幾年後才會感激我的嚴格要求，他們會發現我教給他們的，是日後臨床工作上絕對用得上，且可改進自己研究及創新能力的；這些研究成果還可以讓他們感受別人尊重、自己增加信心的成就感。

我在護理專業工作四十多年，寫了二十七本書，很多學生是看我的書長大的。元培的學生稱我為「護理一代宗師」，其實我只是堅持落實護理專業，所以每個階段的工作或教學，都不會忘卻要提升護理價值的使命；不論是課堂上的教學、實習時的耳提面命，或是紮紮實實地字斟句酌、手把手地帶學生寫論文，一律秉持該有的嚴格標準，跨科目、跨領域、跨能力的整合，是要讓培育的學生，都能驕傲地站出來大聲說，「我是護理師，專業的護理師。」

▲元培的學生很懂得感恩，在教師節總會送上鮮花向老師致謝。是很溫馨的師生情！

◀元培學生很多都是我的粉絲，看著我的書長大的，尊我為一代宗師。我常常鼓勵他們多看雜誌，正向思維。

六、回顧有感

珍視每次的學習與付出

退休後，我將生活安排得豐富多元，我去學畫畫、學攝影、學舞蹈、學唱歌、彈鋼琴、拉二胡，常常到運動中心運動，參加活動、旅遊、做義工，結交許多朋友，活化自己的頭腦，讓自己多動腦、多學習。為了開拓視野、讓視力更清晰，也做了白內障手術。

這一路走來，許多能力在點滴中慢慢培養起來，做臨床又做教學研究，還可以去做管理，主編《健康與建築雜誌》，跨領域做很多事，無論是臨床工作，或是出國念博士學位、做研究，都是非常紮實的訓練，讓我往後的生活與工作，都能夠都運用上，有愈老愈值錢、能力愈來愈多元增強的感覺。很感謝自己不曾輕忽任何一個可以努力學習與付出的機會，總是能正向的面對生活中的每一項挑戰，退休後才得以自在地做豐富的生活規劃，真的很感恩。

雖然如今的退休生活多彩豐富，但細心回顧過往，覺得當時若再想些、多做些什麼，或許會有不一樣的結果。如大專聯考成績錯誤，應該要查分數補救；研究所沒考上，應該要去探究原因，並找出改進的方法，才得以進階；婚姻出現危機時選擇大格局，遠赴美國求學，維持家庭的表面平和，但進修兩年回來前夫再度外遇，是什麼原因？這當中是不是還有什麼因素我沒有思考到？可以再做哪些努力去改善婚姻關係？赴美兩年期間，婆婆雖然百分百的盡心幫我帶孩子，但媽媽不在身邊的孩子，難免有缺憾，鄰居和親友間有時無心的話語也常傷了孩子的心，這點至今想來仍令我心疼不已。

與子女的相處之道

雖然因為進修的關係，有兩年的時間無法與女兒們貼身互動，媽媽不在身邊的狀況，確實也讓小女兒產生一些自卑感。感謝老天眷顧，我有機會花更多時間用心陪她、帶她，總算讓她重拾信心，健康長大。目前可以說是我人生最好的時段，和子女、孫女都相處得非常好，越來越有心得，可以分享一二，與大家共勉。

出國進修合適時間

我曾經思考過，在今天的科技時代裡，有事業的職業婦女因工作需要，希望迎頭趕上科技進步，以適應時代變遷，但到底在何時，即小孩子多大的時候，暫時離開孩子出國進修，才是最適當的時間？又如何盡可能將負面影響降至最低呢？

半年內的短期進修，我認為只要自己和家人調整一下，應該不是太大的問題，至於一年、兩年以上的長期進修，影響層面可能較大！當然出國進修、離鄉背井，影響所及會隨著個人、家庭、環境情況條件不同，而會有不同答案！基本上我認為，孩子愈小時出國進修影響會愈小，隨著孩子身心成長，學習認知逐步改變，接觸不同的環境，需要母親的教導、愛與陪伴安慰需求不同會有差異。而就我身為兩個女兒媽媽的經驗看，女孩子在成長過程的青春期，尤其是月經來時，以及青少年反叛期，母親最好能陪伴在旁，給予適時的輔導，比較不容易造成行為偏差而影響一生，甚至追悔莫及。孩子十八歲以後進入大學，母親的出國深造，應該就影響不大了！

與子女相處之道變變變

與子女的相處之道，真的是每一個階段都有不同的辛酸和學習！我總是在學習、摸索、檢討和實驗中度過。要改變別人比較難，改變自己比較容易，所以我一直在「變變變」中調整自己的心態。

有一位好同事，她是位為人處事非常圓融、大家共同欣賞的職業婦女，事業與家庭均能兼顧的模範人物。有時候我也會請教她有關子女相處的問題，因為從她平日與我們分享的生活點滴中，感覺她與子女的互動及相處非常好，子女也對她非常孝順，但我總是對女兒們不是很滿意。在一個偶然的聚餐裡，看到她與女兒對話的內容及態度，覺得和我女兒對我的態度沒有什麼太大區別啊！為什麼她對女兒表現那麼滿意，而我總是挑剔不滿呢？當下我豁然開朗，意念一轉變，我就感恩知足了！往後對女兒，總是鼓勵多於責罵。

尊重不同的觀點

我是受過軍事訓練的，所以總對女兒起床不折疊被子、床上不整齊感到不滿，後來因為工作的關係需要突擊檢查護理人員的宿舍，看到不少護理人員平日也是不折被，問了原因才明白他們認為這樣才有家的感覺，可以放輕鬆，要躺就躺、要睡就睡。感恩護理人員的分享讓我釋然了，從此以後就不再勉強女兒起床一定要折好被子。

和女兒相處通常是會有代溝的，因為人人是獨立個體，想法各自不同，但只要彼此溝通態度良好，都可以包容調適、和平相處，天下真的沒有什麼難事。有人說，「有緣有愛心，什麼都可以容忍；沒緣沒愛心，看什麼都不滿意、都無法忍耐。」我想就是這個意思吧！存乎一心，轉個念，彼此尊重，相互包容，正向循環自然而生！

最近我觀察女兒教外孫女各種基本生活態度，例如洗手、刷牙、寫字、讀書、說話、吃飯、洗澡洗頭等生活習慣的建立，真切感受到家教的重要！女兒辭去高科技公司的工作，全心撫養教導外孫女，對於女兒願意犧牲自己在職場的發展機會，以教養為重，我真心佩服。我也慶幸自己的女兒在成長過程中，總是乖巧，鮮少讓我操心，讓我可以在職場上專心投入。有人說，是因為我孝順父母親、以身作則，所以她們耳濡目染，自然會養成好的習慣之故。身教勝過千萬金科玉律，為人父母的我們，當從自身做起，做出好模範，子女自然會效法。

財產規劃

常常聽到的老故事說，父母親先分給子女財產後，有些子女就不管老人家了；或是有些父母親把錢留在自己身邊，然後說明最後會把財產留給照顧自己最多的子女，結果子女爭先照顧，希望得到最後財產，那也是一個變通的辦法，但這些故事的背後動機，對於金錢的欲望已凌駕為人的基本孝道之上，卻也可悲。

近兩年我規劃處理了我的財產，直接贈與兩個女兒一人一棟將近六十坪的房子，希望讓她們居有定所、安居樂業。也許有人建議在我往生之後，再將房子分給她們，理由可能是擔心分產之後，她們就會把我棄養。慶幸的是，我自己還有退休金，可以活到老、領到老，不必擔心無法安居終老的問題。當然，我很有信心，也相信我侍奉雙親的身教讓她們不會把我棄養！

數十年來，我和子女的相處越來越好，不會太黏但也很有親密感。例如週末假日，有時候我會到新竹女兒家，或是女兒帶外孫女到臺北來看我，相處時光中，我們共同為教育外孫女費心。我陪外孫女看她的作業，陪她一起背唐詩、念三字經，一起游泳健身，陪她掃地、清理住家，寫毛筆字、畫畫、清洗畫筆……，和她一起共同學習成長，找回童心，重溫舊夢，其樂融融。很感恩現在擁有的一切，感恩女兒，讓我拾回陪伴子女的快樂！

從選擇護理成為志業，到歷經不同體制的醫療單位與教育機構，期間更面臨婚姻破碎、飽受病症磨難，每一個人生階段，都刻骨銘心，讓我有所學習，更是值得細細品味、彌足珍貴的機緣。現在回想起來，如果再遇到類似問題，我是否能夠從容面對，進一步提出更智慧、更圓融的解決之道及改善策略，而展現更正向的力量？那就請各位拭目以待了！

叁、

人生有五寶
健康活到老

民國三十七年出生的我，活了大半輩子，往前看前段人生，內心是滿足和感恩的。雖然遇到無法就讀醫學系、轉而讀護理系的狀況，也歷經失婚、罹癌，以及父母親的相繼離世，但我始終懷抱著希望，不曾灰心喪志。上天很善待我，在每一個關卡關上門時，總是為我留扇窗。所以一路走來還算平穩，有令人欽羡的好工作、好待遇；可以完成心願，到美國進修，取得兩個博士學位和三個碩士學位；退休後還能有工作機會，繼續貢獻良能，多賺了十六年的教書歲月和積蓄；生活不虞匱乏，能夠為母親、為女兒們和自己買房子，擁有房產，更有能力領養家扶中心的小孩，設立獎學金，讓自己的老年生活充實豐富，更健康開心。

有規劃的健康樂活到老

如此幸福美好的狀況，夫復何求。某次參加同學會，見到退休後的同學們或為自己生病、或為照顧生病的另一半而苦；要不然就是獨居憂悶；但也有同學像我一樣，過著充實豐富的生活。思忖著，為什麼同一期同學，每個人退休後的生活卻有如此大的差異？其實，最根本的原因在於有無規劃。

我是學行政管理的，行政管理的領域中有一門課，就是教我們如何規劃。在病房，護理長就得做病房護理管理的規劃；面對人生，要做生涯規劃；若是國家，就應規劃國家大計。因為這樣的訓練，讓我堅決相信，任何事情一定要有規劃。

若將三種人生做比較，一種是有規劃的人生，一種是一半有規劃、一半沒規劃，另一種則是完全沒有規劃，我們可以發現第一種有規劃的人生，到年老時，無論在經濟上或身體上，都會有比較好的狀態，即身體比較健康、居住的環境比較適當，有好的朋友和好的另一半相伴等；就研究的立場來看，從健康、心理、居住環境這些標準來評斷這三種人生的狀況，有規劃與沒有規劃之間，一定存在顯著差異。

因為種種的思考，而興起將自己的人生規劃與生活經驗，以及退休之後的生活安排，與大家一起分享的念頭，希望可以提供讀者不一樣的省思與想法，或是提醒年紀尚輕者，可以及早規劃自己的退休生活，而不是等到年老，許多事情既成事實，不容易改變或甚至更辛苦，才後悔。

臺灣已邁入高齡化社會，人民平均健康壽命延長隨之而來的長照政策，是需要被大家關注的議題，而這議題關乎著前面提到的「規劃」。政府在推動長照政策時，提出了「五老」精神，倡導人到年老之後，具備五個「老」才能擁有好品質的晚年生活，且能活得更有尊嚴。擁有這五老，老年就如獲五寶，退休生活將更有保障。到底是哪五寶呢？第一是健康的身體——「老身」，第二是足夠支配的財富——「老本」，第三是健康的居住環境——「老居」，第四是互相照應的——「老伴」，第五是豐富人際關係的——「老友」。以下分享我對於這五寶的觀點和獲得的經驗。期待透過我的經驗分享，能夠讓大家找到自己想要的人生道路。

一、健康的身體——老身

注意身體警訊

提到老身，我以切身的經驗來分享。維繫身體的首要健康觀念，是預防重於治療，但身為醫護人員的我，年輕時卻悖離這樣的精神，以致於在五十歲罹患癌症，就是疏忽「預防重於治療」的概念，身體出現警訊時也不注意，讓倍數成長的癌細胞很快地在我的體內蔓延。

罹患乳癌，不論是治療期間或是化療後的復健期，確實吃了不少苦頭，但這是我該深自反省的。我犯了一個大錯，就是身為醫護人員，卻因為工作忙碌完全沒將身體狀況放心上，然而疾病侵蝕的速度實在太快，等到真正關照身體情況的時候，已經非常嚴重。所以奉勸大家，若身體出現任何徵兆，譬如容易疲累、體重減輕，或排便習慣改變等現象，就應該要提高警覺，趕緊找醫師看診、檢查。

腫瘤切除之後，我開始好好反省自己，並調整生活作息。以往的生活作息是造成罹患癌症的重要因素，所以一定要改變，才能夠拯救自己。關於生活作息，個人覺得有一點很重要的，就是中午應該要小睡一下。一整天工作下來，中午一定要休息；上午忙碌了五、六個小時，中午午餐後建議讓身體有一些緩衝休息的機會，如果連續工作都沒有休息，體力撐一整天，那是非常傷身體的，身體遲早會出狀況。

所有癌症病人都有一個共通點，就是非常容易疲倦。當時在榮總工作一整天下來，對於一般人來說已經是非常辛苦，更何況我正在接受化療，體力真的無法負荷，每天都覺得眼皮幾乎要闔下來了。我曾向主管提出調整上班時段的申請，又無法獲准，最後只得決定退休好好照顧自己的身體。回首過往，真心感謝這一切的安排。上帝關了你一道門，必定為你開另外一扇窗，我就這樣從一扇小窗慢慢變成大窗，人生之路無比寬廣，生機無限。

維持健康生活

在年輕的時候不一定懂得規劃，例如就讀國防醫學院並不在我的人生規劃當中，但因為陰錯陽差，意外進了國防醫學院。軍校生活中凡事約束、凡事管制，這樣的陰影導致我即使已畢業多年，許多校友會活動都盡量不參加，除非活動是在學校以外的地方舉辦。因為從年輕念書到現在，那種被約束的不舒服感始終存在。

即便是不喜歡拘束的軍旅生涯，卻給了我人生很重要的訓練，讓我養成非常規律的生活作息，更換得了健康而舒適的身體狀態。就像一個機器，如果向來正常運作，只要平日有基礎保養，機器都可以運轉得很好；如果我把生活步調弄得亂七八糟，沒有規律的作息，那麼眼睛過勞、腰酸背痛，或是氣候變化就造成關節痠痛等狀況，都會一一浮現，不健康的生活，也會一路跟隨。

沒有規劃的生活，極可能換來不健康的身體，招致生病，或是意外。就如我五十歲時罹患乳癌，立刻警覺要調整生活作息，找出罹患癌症的原因，盡量排除它。好比以前我不太喝水，經常口乾舌燥，生病之後就努力多喝水、多運動，多吃水果、少吃肉類，改變自己的酸性體質；保持愉快心情，多參加一些有益身心的活動，例如唱歌就是一個長壽的祕訣。唱歌是一個非常好的活動，不必侷限於任何場所，隨時隨地都可以歡唱；唱歌可以讓胸部擴張，強化免疫力，讓全身的氣血都通暢無礙。大家可能沒想到唱歌這麼簡單的事情，居然有這麼大的功效，還是世界衛生組織公布新的十大長壽祕訣之首！其他九項分別為跑步、不久坐、吃薑、減少卡路里攝入、吃綠色菜葉、擁抱、吃花椰菜、高品質睡眠及保持開心，另外，少吃糖、保持平靜之心、喝茶、吃蘋果、少看電視、跳舞、吃大蒜、吃堅果、清淡飲食、每日大笑，也是維持長壽的新觀點。

生活作息其實對人的一生很重要，生活作息規律，身體就會很健康。依照身體各種運作的固定時間，配合生活作息，譬如說大腸、小腸的活動時間，配合每天固定的時間養成排便習慣，身體的生理時鐘就會很規律、順暢地運作著，自然能夠維持健康狀態。

擁有健康「老身」並不難

在元培科技大學任教時，曾經指導阮湘琪等學生做了一個護理人員健康促進的評估研究，以「健康促進量表」為研究工具，為期四個月的研究期間，透過量表問卷蒐集一百九十位護理人員的生活型態、飲食與營養、運動與休閒活動、心理衛生等變項，評估他們的健康促進程度並分析影響因素。

研究結果顯示，生活型態、飲食與營養、運動與休閒活動、心理衛生，對於整體健康促進都具一定程度的影響；而兩年內進行預防性健康檢查、具備健康促進在職訓練時數、居住品質、疾病史，與整體健康促進評估程度均具顯著差異；由此研究可看出，生活型態、飲食與營養、運動與休閒活動、心理衛生，對於護理人員整體健康促進的重要性。

同理可證，對多數人而言，包含老人，這些都是健康促進的關鍵因子，因此，維持老年生活的健康，可從這些關鍵因子著手。如能維持良好的生活形態、心理衛生以及身體的正常運作，維持生活作息正常，正確營養的飲食，保持良好的運動習慣，胸懷愉悅平穩的情緒，擴大個人氣度與視野，面對任何事情能夠多留一些空間給他人，多站在別人的立場思考，每個人都縮小自己，不要自我膨脹太多，很多事情就能圓滿解決，你的身與心自得健康。

這項護理師健康促進的研究結果，說明了健康促進的影響因素，包含外在生理與環境的因素，以及內在的心理素質。當我們理解可以促進健康的各種關鍵後，及時修正自我生活型態、飲食與營養、運動與休閒活動、心理衛生等可變因素，確實執行，那麼擁有健康「老身」就不難了，如此便能將五老的第一寶存入健康活到老的寶盒中。這篇研究文章全文，可從「徐南麗教授研究室」（https://nanlyhsu.weebly.com/）網站中的「期刊論文」，或《健康與建築雜誌》創刊號一卷一期37至46頁中，搜尋瀏覽。

二、足夠支配的財富——老本

也許大家會認為，退休後的生活，就是放鬆。確實，心境是放鬆的，但生活可以很充實。現在很多上班族，好比醫師，每天都為照顧臨床病人而忙碌，回到家什麼事都不想做，只想休息，很少有時間安排自己喜歡的事情或從事喜歡的興趣，譬如彈鋼琴、打球或是寫書法、畫畫。等到退休了，因為不曾培養工作以外的興趣嗜好，忽然間不知道要做什麼，生活變得沒有目標，很多醫師每天還是習慣性跑到醫院或診所，看看病人，別無所好。這樣的退休生活，反而很容易加速老化。

退休之後，我積極參與自己年輕時沒辦法完成的興趣。退休前，我因為工作忙碌，常常感到疲累；退休後我仍舊忙碌，但卻忙得快樂。除了維持規律的生活作息外，我轉換了角色與心境，讓自己從教學者的身分轉變為學生，安排各種以前無暇學習的課程，如唱歌、學國標舞、跳社交舞、繪畫、攝影、書法、學佛，還學習中醫養生，勤上健身房訓練肌力，生活過得充實緊湊。目前星期一到星期五的課程都已排得滿滿的。以前當教授，現在當學生，親朋好友都說我一定不會得老年失智症，因為我每天都讓腦袋靈活運用，而且越用越有活力。然而這樣的安排，必須建立在有健康的老身及足夠的老本基礎上，有了老本，無須再為三餐溫飽費心，才可以隨心所欲安排各式各樣的活動與課程。

當初到國防醫學院就讀，雖然並不是初衷所願，但如今回顧，覺得真是老天爺送給我一個很棒的安排。因為是軍校生，除了免學雜費，每個月還有薪餉，不但可以讓自己三餐無虞，能將多餘的薪水存起來；當年還有能力買百貨公司最好的睡袍以及照相機，送給父母親；甚至得以幫家裡添購許多家電用品。這對一個尚在求學階段的學生來說，是非常不容易的。這樣的人生安排，讓我這輩子都不曾為找尋工作而煩惱；完全沒有任何軍事背景及人脈，一切依照軍中按成績分發的安排，分派到哪裡就在哪裡認真工作。

及早儲備「老本」

國防醫學院畢業後，很榮幸被分派到空軍從事航空護理，當時航空護理工作的待遇非常好，地勤與空勤的待遇相差約五倍。醫護背景加上空勤加給，讓我的待遇比飛行員還高。那個年代，大學畢業的薪水大約一個月一千到一千兩百元，我的待遇是多數人的五倍，覺得很神氣。

雖然未能如願念醫學系，但一畢業就有好工作、好待遇，覺得學護理好像也蠻好的，且軍官的身分讓自己到處都受到禮遇，出入軍營時衛兵也都會立正行軍禮致敬，覺得好威風。後來有機會到美國進修航空太空醫學院，回國之後建立許多航空護理的工作制度及航空護理工作標準，並出版航空護理學，因此被選為國軍英雄及十大傑出女青年。從國防醫學院開啟護理軍旅生涯，雖然並非自己最原始的規劃與期待，但在接受它之後，漸漸喜愛，甚至視為人生重要使命。最重要的是，這個人生安排為我帶來了不匱乏的財富，在醫院、學校有穩定的工作收入，讓我邁入老年階段時，不用費心經營，即擁有五老的第二寶——足夠支配的財富「老本」。

所以永遠不要抱怨不足，轉個念，回頭看看自己所擁有的，會發現狀況並沒有這麼糟！換條路，人生也許更不一樣！

三、健康的居住環境——老居

軍旅生涯的穩定收入，讓我的人生不曾為家庭生計而煩惱。結婚後，因為先生是飛行員，兩人的薪資加總起來，對我們一家四口的小家庭生活來說是非常足夠的。當時有榮總宿舍可以居住，所以沒有想到買房。因為宿舍間數有限，有一位總醫師就沒辦法入住，只好先到外面租屋，而我是軍職外調來榮總的，所以有比較好的禮遇，有宿舍可以馬上進住。

盡早安排「老居」

人生際遇真的非常有趣，總醫師因為不想長期租屋，早早買了屬於自己的房子，當時房價不高，而今看來，總醫師雖然沒能住進榮總宿舍，卻賺得便宜的買房價格。反觀我，雖有宿舍可以安住，選擇安安分分工作，完全沒有起心動念想要添購房子，十年之後，總醫師同事把房貸還完了，我才開始思考買房子的事。那時才驚覺，退休後宿舍還給公家，那麼我和家人不就沒有可以落腳的地方？所以決心應該要為自己買房子了。十年的差別真的很大，總醫師同事十年前買的房子，一坪才十多萬元，等到十年後我想買房子，一坪已經幾近三十萬元。所以買房的時機及金錢的運用都是很關鍵的，往往一個念頭的轉變會差距十萬八千里，一定要趁年輕、有資金能力的時候先買房子，到了老年，才有「老居」，才可以安安心心地依照自己的想法布置屬於自己的家。像我自己的畫作想要掛在家中哪裡都可以，也可以種花拈草，有一個屬於自己的窩真的很好，就如俗諺說的：「金窩、銀窩，不如自己的狗窩。」

前半輩子幾乎照著公務人員的生活模式，正常上班、正常領薪水，沒有太多其他投資想法，或者是存老本的觀念，就是安安分分過日子，後來因為生病以及與主管之間的溝通不良，因而提早退休。

這一退休，卻啟動了重拾教鞭的因緣，有機會到慈濟大學護理系擔任系主任，額外多了一份不錯的薪水。原本的公務人員退休金，已經讓家庭生活可以從容安度，慈濟的薪水，剛好可以當作儲蓄。在慈濟任教六年後，再到元培繼續春風化雨教書十年，讓這份儲蓄林林總總加起來，已有一、兩千萬。當時建築師好友陳宗鵠教授建議我投資買房，於是買下屬於自己的第二棟房子，幾年下來也慢慢將貸款還清，接著第三棟、第四棟房子一一購下，日子與生活過得非常好。很慶幸自己因為有健康的「老身」，才得以在公務員退休後還能繼續工作，除了退休金之外，又多賺了十六年的薪水，存夠「老本」，更有能力擁有安身立命的「老居」。

健康的「老居」

覺得自己很有福氣，能夠結識陪我看屋、選屋的建築專業好友陳教授，他提供我很多健康住宅的正確觀念。以前年輕的時候，心中只有工作、進修，還有家庭照顧，沒有太多心思注意到自己的居住環境是否健康。就拿住在宿舍的狀況，只知道公家提供的宿舍大約有四十五坪，很寬敞舒適，有四房二廳，沒有特別去注意環境的狀況，後來才得知，同棟宿舍二樓、三樓、四樓的同事先後都得到癌症；在我得到癌症退休後，坐在我的辦公室座位的繼任人選，之後也得到癌症，辦公室裡大概有一半的人生病；以前院長辦公室周邊剛好是X光室，聽說因為長期輻射之故，這位院長後來罹患白血病離開人世。

公家分配給我的宿舍非常大，看起來是個很不錯的居住環境，但奇怪是，家裡的落塵很嚴重，即便出國門窗緊閉，回家後家具上都蒙上一層灰。仔細想想，那樣的居住環境，有許多不符合健康住宅的條件，我會得到癌症，極可能與這些不健康的住宅環境狀況有關係。相較之下，現在我在和平東路買的房子，就非常好，出國半年、一年，只要門窗都關好，家裡面總是乾乾淨淨的，一塵不染，住了二十多年，身體不曾出現什麼大狀況，這就是健康的住宅。

就以上的例子，可以了解居住及周遭環境對身體健康真的非常重要。陳宗鶼教授長期鑽研於健康住宅環境領域，近來，陳教授正努力整合資訊，即將出版《健康好宅好運來——讓你越住越健康的住宅》一書，闡述影響健康環境的因素，包含物理性、化學性、生物性、社會性、心理性及公平性等面向的六大因素及十九個因子，希望透過書籍，說明他對於健康住宅環境的專業研究與分析，以及健康住宅的標準和建議。

所居住的住宅環境，若能符合陳教授分析的健康住宅標準，就可以稱之為好宅、健康宅，而這好宅、健康宅，正是「老居」的基本條件。若住的環境不健康，只是徒有居住房宅，卻愈住愈不健康，並不能稱之為「健康老居」。住宅的細菌、濕度、光線、空氣、水，以及活動的安全性，都包含在陳教授建議的健康住宅環境因素中。就如在外工作回家後，身上衣服都會沾滿各式各樣的細菌，所以回家之後，都應該要好好清理；而室內的濕度，對身體也會有很大影響，身體濕氣過重，疾病狀況就會出現。像我以前有退化性關節炎，常常關節都不舒服，是因為以前家裡的濕氣過重導致。另外，住宅的空氣一定要流通，水質也很重要，喝乾淨的水，呼吸新鮮的空氣，身體自然健康。

再者，住宅的安全也很關鍵，尤其是老年人的住宅規劃，要注意室內行動的安全，是不是要加個安全扶手？是不是需要有上下樓梯的輔助？這些都需要思考。房子簡單就好，要能夠有方便上下樓的電梯，或者是住在一樓較好方便行動。記得當時我媽媽中風無法行動時，因為老家在三樓，沒有電梯，每次要外出，輪椅出入都非常不方便，當時還跟鄰居商量，想要在樓梯間裝設爬樓機，但是因為無法取得所有鄰居的同意而作罷，所以最後選擇搬到淡水的電梯大樓，才解決了上下樓、出門推輪椅行動的問題。

以前不曾細心注意，居住環境可以對人身體健康影響這麼大。奉勸大家，想要擁有五老的第三寶「老居」，務必要選擇適合自己、符合標準的健康好宅，才能健康活到老、活到百。

四、互相照應的——老伴

活了七十多個寒暑，看盡人間百態，對於人到老年還能有互相照應的老伴，認為是非常幸福且不容易的一件事。我的同學當中，老夫老妻感情真的很好、可以好好互相成為恩愛老伴的，一百對裡，頂多只有十對左右，確實很少。因為年輕的時候，夫妻彼此都有自己的事情與工作需要面對，還有教養孩子的責任，所以大多能夠和平相處；但年老退休之後，成天待在家裡，彼此有更密集的互動，有些人開始覺得心煩，因此反而在老年才選擇離婚。有些人退休後不知道該如何生活，因為失去了工作目標和重心，會把彼此間的互動細節放大，彼此的容忍度也因此降低，像這樣的狀況，一百對中大約占百分之二十的比率。大多數的人就是忍耐、彼此調適、馬虎湊合，或各過各的，也能過一生。

其實夫妻倆能夠健健康康一起相伴到老年，是非常幸福的緣份，但不一定每個人都可以擁有太太或先生一起相伴到老的老伴，就如我，四十多歲時就失婚，但仍舊可以有老伴，因此個人對於「老伴」的界定，只要是可以互相關懷照應、可以互相分享、彼此真心相待的一個伴，不論性別，就是「老伴」。很慶幸，自己到了老年階段，身邊能有可以彼此照應、分享的「老伴」，真心覺得自己很幸福。

五、豐富人際關係的——老友

我有一位老同學，曾經照顧中風的先生十年，雖然先生已經往生五、六年了，這位同學卻還一直走不出陰霾，成天鬱鬱寡歡。先生在的時候，她把生活重心全放在先生身上，即便是先生中風了，我同學還是以先生為中心，完全沒有自己的生活。先生走了之後，她因為頓失重心而走不出來。看到她的狀況，勸她可以多找朋友、同學或街坊鄰居談談心，多參與活動，與人互動，才能找回自己生活的本質。

與我這位同學有同樣狀況的人，不在少數，一直埋進憂鬱的情緒深淵走不出來，往往造成家庭和社會的問題。人生不論在哪個階段，身邊能有好朋友很重要，要有能夠談心、活絡人際互動的老友，老年階段才能過得多元又豐富。具體的說，參加各項社交活動，如唱歌有唱歌的朋友，打球有球友，畫畫有畫友，合得來多聊，合不來少交往，自在隨緣，快樂自得。

當然，不論是年輕或年老，交朋友都需要審慎，尤其到了老年階段具足了老本，結交朋友時切記勿有太多金錢上的牽扯，避免賠了老本更傷了心，就是切記勿人財兩失。現今社會，老人獨居的比例高，每個老人都要學習獨立照顧自己，也一定要維持與人的互動，心理、生理才會健康，才能愉快自在地過老年退休生活。

六、小結

有人問我，到底要存多少錢才能安心退休養老呢？因為個人的條件不同，所以可能要因人制宜。老化是所有生物有機體的自然、連續過程，沒有明確的起始點，隨著年齡的增長，各種器官也逐漸衰退，心智能力隨之改變或喪失。年齡雖可算是一個指標，但我覺得身心狀況健康才是另一個重要的指標。

世界衛生組織對老人的定義，是指六十五歲以上的老年人。四十到五十九歲俗稱初老期，六十到七十九歲為中老期，八十歲以上為高老期。另外一個較普遍的分類法是將六十五到七十四歲稱為耆老，七十五到八十四歲稱為耋老，八十五歲以上則稱為耄老。一般而言，人類的生理功能隨著年紀增長而有逐漸衰退及功能損壞的改變，較明顯的老化特徵，如肺功能降低、血壓升高、生化檢驗值改變，視力、聽力衰退，活動及行為表現改變等，器官的退化將導致各種慢性病接踵而至。老年人平均每人都有四、五種以上的慢性病，而六十五歲日常生活需要照顧者約只有百分之十，然而年歲到了八十五歲或者更老，日常生活需要照顧者可能增至百分之四十以上了。

如果我們規劃要活到一百歲，那麼八十五歲以後是不是該考慮請人照顧了呢？如果經濟情況許可，找個幫傭或由子女親人居家照顧，當然不成問題；如果無法自行照顧自己，處理自己日常生活的衣食住行等問題，養老院、護理之家就成了選擇的目標了。

如果你是軍人、公務人員或老師退休，每個月平均有五萬元左右的退休金，省吃儉用，甚至無法自行活動時請個幫傭，二、三萬元居家照顧，應該都不成問題。問題是在於如果沒有退休金，每個月到底要存多少錢才能夠讓自己活到老、養到老、用到老呢？軍公教的平均退休金五萬元，就是很好的例子吧！

另外一個重要的老化問題，就是身體老化同時帶來的心理情緒反應，如孤獨、寂寞、焦慮不安、哀傷、抑鬱、歉疚、沮喪等，加上社會的壓力，如親友死亡、經濟能力喪失、角色轉變等失落，使老年人自尊心喪失，再加上對未來的恐懼，則更加容易造成老年人的心理調適困難。隨著時代的變遷，雖然家庭形態逐漸轉變為折衷家庭與核心家庭，但研究顯示，老年人目前與子女同住者居多，所以對家屬的指導與居家護理的教導，已成為老年護理發展中不可或缺的項目！與老年護理有關的資料，可以參考本人著作的《老年科護理標準的建立與護理品質之評價》及《老年護理評估表的建立與護理品質之評價》等書。

人生不可能每件事都很完美，但是每個人都要在不完美中學習，轉念走出屬於自己的路，尤其是進入老年階段，更要懂得放下，懂得割捨才能無罣礙自在地過生活。人生就如搭車，有些人在某個時段上車了，也可能會在某些地點下車，走到最終還是一個人，所以要能夠好好面對自己、照顧自己，要珍惜自己擁有的，不要顧盼不屬於自己的。自己的人生由自己負責，及早規劃「五老五寶」——維持健康的「老身」，準備足夠的「老本」、舒適的「老居」，並以健康、快樂、珍惜的心境，與「老伴」、「老友」相處，如此人生，自然歡喜自在。

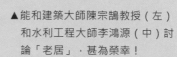

▲能和建築大師陳宗鵠教授（左）和水利工程大師李鴻源（中）討論「老居」，甚為榮幸！

◀我每天定時到附近公園散步運動跳舞，伸展肌肉，拉筋健身，吸收陽光快樂無比！

肆、

安定自在
健康樂活

一、健康要自己營造

我是位護理學教授，當我在五十歲，人生、事業、財富、子女各方面漸至佳境時，上天又給我一個功課，就是突然發現自己乳房長硬塊。或因害羞或因否認，「怎麼會發生在我身上」等心理機轉，一直拖延將近兩個月才就醫。手術時才發現全身已有淋巴轉移，不得不行乳房切除術，及接受十二次化療等過程。和大家都共同經歷掉髮、噁心、嘔吐、疼痛、皮膚搔癢、貧血、腹瀉、白血球下降、手腳末端色素沉著、容易疲勞等難關，最後我終於成功戰勝癌症，勇敢地走過來了，且健康地多活了二十二年。這些罹癌過程及患者心聲，雖然每個人有著個別差異，但心路歷程卻是大同小異，也就是成功的健康，是自己營造的。所以在此野人獻曝將自己的特殊心得想法，並舉九十一高壽往生父親的養生之道，與大家分享。

不得不很殘忍地對癌症病人說，健康不好，百分之八十要怪自己，也就是要對自己負責。即使身為醫護人員是為了照顧別人「過勞」而生病了，別人也不會同情你，甚至還會說：「醫師、護理師怎麼也會生病？怎麼不會照顧自己？」除了先天的疾病較難預防外，我覺得不管是得了高血壓、糖尿病、憂鬱症、癌症、心肺疾病，都與自己的飲食、營養、運動、周遭環境是否健康有關。

以前我不大注重養生，現在我發現如果自己不愛自己，誰會愛你？胖子不是一天造成的，一直增胖，不能減輕體重，當然要怪自己飲食沒有節制，又懶又不運動。所以有人說：「認真的女人最美。」「世界上沒有醜女人，只有懶女人。」認真勤快管控飲食、運動、睡眠、休息得當，把周遭環境設計優雅並清掃乾淨，自然會有健康的身心。

近年來，有些研究提到，周遭健康環境、生活起居，對於健康長壽的影響比率，居然超過百分之五十以上，可見健康環境的營造，是值得加強探討的議題。

健康的身體是柔軟的

罹癌以前我工作量很大，每日都過勞，全身硬梆梆，肚子也很硬。我以為一切都是正常的、健康的，甚至到美容中心，美容師幫我按摩，說我的肩膀「硬度」排行美容中心會員之前三名時，我仍不以為意。直到癌症突發進行手術化療後，中醫師協助我排毒，排出許多宿便，我的肚子漸漸軟化，加上定期做經絡按摩，疏通經絡，每日至少運動三十分鐘，多喝水，隨時拉筋，讓身體、肩膀不再那麼僵硬，我才找回自己的健康。

健康的身體是要像嬰兒一樣柔軟的，但運動可使肌肉更具彈性，可軟可硬，即放鬆時可很軟，要用力時，如做各種體能運動，包括打球、游泳、打太極拳、跳舞，該出力時還是很有勁道的。當然除了身體柔軟外，身段放低、心態放軟，待人寬和，也是極有助健康的。

要能正面思考

世界衛生組織提到人的健康，是包含生理、心理、靈性及社會的健康，且生理、心理、靈性及社會健康是環環相扣的。因身體不好時，一定會影響心理；心情不好，人際關係不好，也會影響到家庭、社會。因此，當一家人有人罹患癌症、中風或有體弱慢性病老人、病在床上無法下床，就會影響全家人的生活品質。有一句話說：「一人生病，二人扶」，就是這個意思。能將身體照顧好，逐漸康復較容易，通常往往無法克服或不能長期忍受的是心理健康問題。

心情不好，自己亂發脾氣，或發在別人身上，而影響全家心情，罹患憂鬱症，甚至釀成輕生、全家人一起死亡的悲劇，是負面思考的結果，實不足取。

至於如何和親人面對自己的疾病，去除不安、恐懼，增加自己及家人抵抗力，勇敢面對疾病，許多病友也有珍貴心得分享。本人拙作增訂版《正向思惟——改變生命的力量》於二〇〇九年獲國健署健康好書，書中就提到二十五個正向思惟的故事，每個故事都有啟發性，及鼓舞人活下去的力量，是由許多專家學者強力推薦一讀的好書。總之，正向思考，以積極進取心、樂觀心、愛心全方位來衡量人、事、物是很重要的。不要為了一點小事，和家人親友生氣，要經常存感恩之心，生命及生活品質自可改善！

退休之後，因為參加國父紀念館歌唱班的因緣認識了人稱「琪姐」的張琪，也有機會到訪琪姐一直護持的藍迪育幼院，去陪伴孤苦的孩子們。許多琪姐的粉絲們，長期付出陪伴，孩子們給予的正向回饋，讓我感受到那份被需要以及可以奉獻的喜悅。這種付出的喜悅，對健康的身體，也具有正向幫助。這使我了解為什麼有些退休健康的人，願意做一輩子義工，不論是博物館、故宮文物解說，植物、花鳥導覽，醫院、社團志工服務等工作，都是正向人生。只要身體好，就願意付出做自己喜歡做、又可以助人的事，無怨無悔，積極面對人生，樂觀進取向上，微笑面對世界，陽氣十足，自然可以提升免疫力，使自己更健康、更快樂。

我要活得更好

一個人是否能活下去，活得更好，我覺得自己能正面思考，成功的成分占絕大比率。生存、生活存於一心，我心要能走出來，願意活下去，自然可走出自己與別人不同的人生，由失敗中逆轉為成功，由生病轉為健康，這些轉換心路過程，將來都是鼓勵病人最好的見證或經歷。如果病人都能體驗健康是要自己負責經營與管理的，那麼就會見到彩色的人生；黑白的人生是自己關上窗，所以看不到彩色。如何在痛苦失敗中，接受一點一滴的挑戰，隨時給自己「評分」激勵，每日挑戰成功逆轉勝了，就馬上給自己「加分」或「獎賞自己」的機會，如買自己喜歡吃的東西、用品或小東西，或獎賞他人，如贈送協助你的親友禮品，也可達到互相激勵的功能。若能參加病友、癌友，或其他健康會員社團，如球友俱樂部等，彼此分享正向經驗，也是很能激勵人心的。

正常的生活作息

以前曾做過研究，發現上大夜班的護理師，在給藥及照護方面出錯的比率較高。因為白天睡覺，晚上上班，睡眠被切成兩段時間，非正常的作息，身體的運作機制也會跟著打亂，腦部思考錯亂，頭腦可能發出非正常訊息而容易出錯。這也證明正常作息對人的影響，健康身體務必要有規律的生活習慣。當然如果都已習慣夜間生活作息，也是可以讓它變得規律，身體機制自然會隨之調整。

現在我已退休，但每天還是維持清晨五、六點起床，然後隨意在床上運動幾分鐘或幾十分鐘。起床後喝溫水吃早餐，調整好生息，接著輪流到國父紀念館、中正紀念堂或榮星花園打太極拳、跳跳舞，動一動後回家吃午餐，睡個午覺，再起來工作二、三小時，如寫書法、畫油畫。到了傍晚，上健身房或約朋友到大安森林公園散步、走動，每天都很充實。在這當中，一週排了三、四天的課程，包括攝影課、歌唱課、油畫及中醫養生等課程，學期結束後，再增加或減少一些課，如改上書法課、人體素描等美學或養生運動課程。

以前我在元培教學的十年間，都是早上五點半起床，搭乘六點的第一班捷運到臺北火車站，再轉乘國光號抵達元培。學校對我很好，幫我安排早上三、四節及下午七、八節的課。早上上完三、四節課後，中午吃個飯休息一下，有時候還可以稍微小睡幾分鐘。下午七、八節上完課，學校門口就有車可以搭回臺北。十年如一日，養成了我的正常作息，生理時鐘固定，身體狀況也愈來愈好。

根據癌症方面的研究文獻資料，發現疲倦、免疫力降低，是容易讓身體變成癌症最愛的環境，所以要每天維持正常的體能，稍微累就要休息，若已經疲累還勉強繼續工作不休息，不讓體能補回來，就非常可能使癌細胞活化起來。如果已經罹癌，要懂得與癌共處，讓自己的抵抗力高一點，精神就會較好；要儲存更多的正氣、陽剛之氣，將不好的陰氣、負面因子排掉，都是維繫好體能、與癌共處的重要關鍵。

飲食排毒

最近去國父紀念館上一個中醫養生班，其中課程講到大腸癌是國人十大癌症第一名，體會到吃實在太重要了。如果我們吃進去的食物都是酸性的、不好的或是臭的，即五臟六腑都貯藏動物的屍體，腸子未能將這些東西排出去，日久一定會發臭，所以除了維持蛋白質、脂肪、醣、維生素、礦物質、水分等營養均衡攝取外，應該要多吃蔬菜水果。水果不要太甜，蔬菜有豐富維生素和礦物質，可以淨化腸道。癌症協會提倡的五蔬果，就是指每日要攝取三份蔬菜、兩份水果，蔬菜水果選用新鮮、當季的、色彩多樣的，吃原形水果最好。果汁去了皮，少了纖維質，降低腸蠕動，可能造成便祕。

我以前得乳癌時，覺得自己的生活跟大家都一樣、很正常，怎麼會得乳癌？仔細回想，當時工作忙碌，十足的外食族，營養失衡，更累積許多毒素在體內。要吃得下、吃得夠、吃得對、吃得巧，才能維持體重、體型健美如常。

罹患乳癌後，經趙可式教授推薦，到臺中神豐中醫診所，中醫師給了一些中草藥讓我回家自己用俗稱「啞吧媳婦」的燉鍋熬藥，熬兩、三個小時後服用。因為那時候做了十二次化療，好的細胞或壞的細胞都會被殺死，又不能吃得太補，否則反而讓癌細胞更壯大。所以那段時間，末梢循環很差，手指頭、腳趾都是黑的，排的汗也都是臭的。還好透過中藥調理及適當飲食運動，毒素逐漸排出，體內才越來越乾淨。

維持健康體重

現在我每天一早上起床喝溫水、上完廁所後，一定會量一下體重。早上起床，大便、小便都排空以後，體重會減少半公斤到一公斤。平日要少吃油炸類食物，轉換多吃水果，也不能吃太多含醣食物，還要補充適量的鈣質，各種營養都要攝取足夠。每天保持多喝水、多吃水果和蔬菜，盡量少吃雞、鴨、魚、肉等酸性食物的飲食模式。因為自己得過癌症，所以非常清楚如果繼續保持以前的飲食習慣，癌症很容易再復發。

另外，我也會注意排便的氣味。現在水果吃的多，排便比較沒有那麼重的味道，如果吃大魚大肉，特別是豬肉、牛肉、鴨肉和雞肉，就是毒性比較重，排便氣味自然重。我很幸運，每次吃大餐當天或隔天一定排掉，因為每天續做排毒運動，全身上下按摩、拍打、推拿，都會將毒素排掉，慶幸體重還好沒有增加。

維持健康體重，可以減輕膝蓋的負擔。因為我有退化性關節炎十年以上病史，之前走路膝蓋會痛，於是得固定半年打玻尿酸，已經打了三年，後來經醫師建議，定期做復健，效果很好，持續做了五年，近兩年根本不用再打玻尿酸，膝蓋疼痛也逐漸減緩了。前些日子受邀到成都演講，他們帶我去爬峨嵋山都沒問題。另外，可以在走路中做調息的訓練，少用關節減輕膝蓋的重量，這樣關節也不再痛，身體也會越來越輕鬆。過去搭車到新竹，坐了一個多小時的車程後要起身時，膝蓋都很僵硬，一定要按摩運動才站得起來，現在居然可以輕鬆起身，膝蓋不再卡卡的。

關照自己的心

一位護理界老戰友，前陣子無聲無息地在家裡走了兩天都沒人發現，令人不勝唏噓。她是一個非常獨立的人，每天都會去打乒乓球，教會朋友發現從來不缺席的她連續兩天沒出現，手機也都沒有接，就到她住的大樓詢問管理員。「確實兩天都沒有看到她下樓。」管理員也正納悶，嘗試聯絡她在南部的女兒，在女兒授權下，找鎖匠來開門，才發現她穿著睡衣躺在床上，已經沒了呼吸心跳。

這位是我在榮總的同事，先生是官拜少將的軍人，聚少離多，孩子長大各自成家，後來她先生中風，貼身照顧四年後先生離世，家裡剩她一個人。平日跟我一樣到處學東西，韓文、跳舞、乒乓球都學，每天行程也排得滿滿的。有運動習慣，身體很健康，沒有高血壓、糖尿病等慢性疾病。她曾告訴兒子，認為自己身體好最大的原因，是以前當夜班護理長值班的時候，必須在榮總個個病房走透透，巡視一百多個單位、二十七個樓層，訓練出堅強毅力、時間管理能力，以及速度和體力。但，再好的體力、再健康的身體，終究不敵自然的老化。

老友的離開，讓大家很感慨，尤其最近看到上演的連續劇「老有所依」，劇中對老人在家照顧或住老人機構的描述，真實劇情，相當感人。我的朋友很多都是七、八十歲的人，些許多是獨居，兒女在外面工作或自組家庭。因為這位老友的離世，我們就開始討論，是不是應該要有一個老朋友的 LINE 群組，至少每天互相問候，如果真有什麼事，還可以彼此幫忙、照應，尤其是彼此鼓勵。

人家說長壽的第一個祕訣，不是運動也不是飲食營養好，不是睡眠好，或是唱歌、跳舞，其實最重要的祕訣是心理健康、勇於面對問題，所有長壽的人都很樂觀。心理對生理的影響層面不小，想想自己罹患癌症，真是因為每天都在忙碌中過日子，龐大的工作量和壓力，讓身體負荷過重、癌細胞有機可乘。記得念書時，心理學教授說過一個故事，德國人曾將猶太人戰俘抓去做實驗，給他們打掛上黑色蒙布的五百西西靜脈注射，然後每天跟戰俘們說正在給他們放血，從放血五西西、十西西，一次一次慢慢增加放血的量，許多戰俘在還沒到五百西西時，就死了。然而事實上德國人並沒有放猶太戰俘的血，一滴也沒放，戰俘是被自己的恐懼給嚇死，教授當時就強調，心理影響生理的層面很大，那時候我也深有同感。記得有一次自己戴隱形眼鏡，眼睛很不舒服，發現可能是左右眼戴反了，因為那天我人在外面開會，沒帶清潔藥水，不方便取出重戴，就這樣一直帶著不舒服的感覺過了一天；之後遇到一位眼科醫師，才知道就算左右眼戴錯，對眼睛不會有太大影響。我一聽，霎時領悟到，眼耳鼻舌身的外在感受，大大左右自身意念。眼睛所看到的人事物，難免會讓我們的心思受影響，但你也可以視而不見，如果你覺得沒看到、沒聽到也沒聞到，你的心就會靜如止水，周遭的人事物就無法影響你。

做好退休計畫

好的退休計畫，對於安心養老是非常重要的。古人說，老人要有老屋、老本、老友、老伴，就是這個意思，才可以沒有後顧之憂。

我的兩個女兒都長大成人，過自己的生活，不需要我操心，我只要照顧好自己就可以。工作這麼多年，生涯規劃算是不錯，該退休時退休，每個月都有固定退休金，不用擔心生活問題，讓我的後半部人生無後顧之憂，得自在悠遊地過日子，做自己喜歡做的事情；廣交健康的好朋友，如唱歌有歌友，打球有球友，書畫有畫友，可以結伴互相討論，也可以彼此照應。

我的一位老朋友，五十歲時結婚，本來是一對令人欽羨的佳偶，大家都很高興她遇到不錯的先生。結果結婚不到四年，先生中風，有了牽絆，好友有時抱怨的說，在醫院照顧病人半輩子，沒想到後半輩子還要照顧先生及孩子。我現在沒有牽絆，要去大陸就去大陸，要出家也可以出家，自由自在，不用被周圍環境影響，覺得很感恩。

二、家父的長壽祕訣

我的父親民國六年出生於湖南省常德市。父親自幼天資聰穎、文筆流暢，在家鄉有「湖南才子」的美稱。高中畢業後，赴北京朝陽大學法律學院進修，取得法學士學位。抗日戰爭時加入國民政府青年軍，民國三十四年抗戰勝利後，奉派到臺灣成為接收大員之一。父親先後擔任中央政府官員、澎湖代理縣長等職，之後投入教職，在岡山、南投中興新村、大甲、虎尾、竹南及花蓮玉里等地作育英才，為偏遠落後地區學生造福，歷任校長、教務長及訓導主任等職，深獲師生愛戴。

一生清廉，春風化雨近四十載的家父，認為國事重於家事，更不喜歡麻煩他人，培養我們子女奉公守法、公私分明、利益人群、克己復禮的情操與修養，因而廣受鄰里推崇。

父親喜愛打太極拳，九十歲仍耳聰目明，健步如飛。民國九十六年於睡夢中往生，右手向上舉，象徵來世願為佛普度眾生之意，享年九十一歲。他走的那天早晨，我還到青田街的老家去看父親和母親。因為太忙，想就在門口跟他說兩句話就走，沒想到那是最後一面。父親從臥室慢慢走到客廳門口跟我說話，跟往常一樣叮嚀一些事。下午六點多，母親慌慌張張打電話給我，說父親好像有點奇怪，叫都叫不醒，我叮嚀母親先叫救護車送父親到醫院急救。當一一九救護車抵達家裡，救護人員發現父親已經往生超過六個小時，救護車不能載，必須找法醫來證明並開立死亡證明。

父親走得突然，沒有心臟痼疾問題，走的時候整個肢體和神態是放鬆的，這讓我思考著身材瘦瘦的父親，平常是怎麼照顧自己？讓他到老的時候，眼睛還能夠炯炯有神，不用戴老花眼鏡就能看報紙，耳朵聽力也很好，可以自己照顧自己，維持健康生活。回想我所了解父親照顧自己、養生的幾個方式略述如下，提供大家參考。

1. 無負擔飲食

父親是淡泊寡欲的人，生活簡單，不重口味，因滿口假牙，三餐都吃稀飯。我在慈濟大學任教時，因為有緣照顧印順法師，發現父親的飲食習慣與印順法師一樣，三餐都吃稀飯。稀飯好消化，正適合牙齒不好的老人家，再配各式各樣的蔬菜，是可以排毒、讓腸胃無負擔的飲食模式。父親每天也會補充足夠的水分，促進循環，協助排毒素。

2. 腹式呼吸法

父親平日話不多，卻常提醒我關心自己的健康。比如說我在榮總上班時，工作很忙，他就提醒我要注意自己，照顧自己身體，並建議我練腹式呼吸法，不論是走路、坐公車，任何時間隨時都可以做腹式呼吸。簡單的說，先盡量擴胸吸飽空氣至腹部，再慢慢吐氣吐乾淨，就是所謂的腹式呼吸，這種方式可以把體內汙濁的二氧化碳等毒素排出來。父親每天都會和母親散步走到中正紀念堂，做深呼吸練習，吸收樹林中的芬多精及乾淨空氣，所以一直保持好元氣。

健康人平均一分鐘呼吸二十次到二十四次是正常的，父親因為長期練呼吸，一分鐘呼吸也許就十次到十五次而已，他說呼吸是越長越好，龜息大法就是慢呼吸，也就是深呼吸，一口氣如果能夠拉長、拉慢、吸足氣的話，對身體是有幫助的。看過有功夫的人，往往能停止呼吸幾分鐘，甚至一小時以上呢！神奇吧！

父親教導的腹式呼吸法，還可搭配站樁姿勢，在一呼一吸間，將那股氣串流到手腳，往下接地氣，可以強化體內循環，所以即便是冬天，父親的手都是溫暖的，這是他長期練太極拳、長壽不生病的一個祕訣。

3. 健走練身

父親生活簡樸，十分節省，不會去健身房，而是選擇不花錢的運動，除了每天走一、兩個小時的路，也練太極拳和李鳳山師父的平甩功。父親能始終保持健朗，很多是因為健走和練功的關係。

4. 按摩穴道

穴道按摩也是父親養生的方法。每天早上醒來時，父親不會立即下床，會在床上按摩全身，用手梳頭、按摩臉、拉拉耳朵、按按大拇指及各個指頭，動動肩膀及手腳，推拿按摩四肢及全身的穴道。

從父親的養生之道，我也學習到每天醒來時，不立即下床，會在床上運動，按摩拍打全身，全身上下的穴道都按壓，手掌部位也要按壓、推拿，等於全身做運動。不一定要記住所有穴道的位置，只要順著骨頭輕輕按壓往前推，推到不能推為止，可以前後左右繞圈圈按摩，然後再拍打全身。因為這樣的運動與按摩，我的身體越來越柔軟，不像以前那樣硬梆梆。

以前專心工作，沒能好好照顧自己的身體，現在退休了，較能全心照護好自己，所以現在的我比五十歲時還健康自在。五十歲時身體幾乎快要撐不下去，領悟到健康身體要自己負責，任何小毛病都不能疏忽，應用心照顧自己。

維持健康身體關鍵

你想要有個健康的身體，快樂的人生嗎？那麼就要適當規劃自己的人生。首先應由建立良好的生活習慣做起，包含每日正常的工作、適當飲食（保持低糖、低鹽、低油，多吃蔬菜水果）、每日至少運動三十分鐘、充分睡眠、適當休息、避免過度疲勞，做好時間分配，加上培養增強抵抗力的精神與毅力，設計良好的環境，都是要靠自己規劃及創造的。具體來說，如能定期整理自己工作及住屋的環境，營造健康氣氛，讓自己快樂，也把快樂帶給別人。有問題時，誠如聖嚴法師說的：「面對它、接受它、處理它、放下它。」勇敢與家人親友共同面對，克服恐懼、焦慮等難關，問題自然可迎刃而解。

祝福所有人都能為自己健康負責，營造快樂健康人生，使自己身體柔軟，身段變軟，以愛心、感恩心正向面對多變化的人生，逐漸提升自己的生活品質及健康，社會自然就會祥和。

三、充滿學習自在的退休生活

家庭、事業的高峰都已經歷，從數十年為人付出，邁入可以沉靜下來觀想自己的階段，許多以前不曾思考或是不敢奢望的興趣，此時一一浮現。退休之後的我，努力當個學生，把自己當成白紙一張，學畫、學攝影、學唱歌、學琴、學佛……，是興趣，是嗜好，有娛樂，有成長，一點一滴體會快樂的學習人生。

創意展現的繪畫

透過繪畫表達內心

首先談談繪畫。我沒有什麼繪畫天分，從小繪畫課都是勉強過關。我們家是有三姊妹和一個弟弟，弟弟非常會畫畫，可惜弟弟十三歲就往生到極樂世界，留下了許多美好畫作。弟弟畫了很多漫畫、車子和飛機，不論是構圖或是用色都非常厲害，我念書時的繪畫作業，有時候畫不出來，都是請弟弟協助才完成。有人天生就有這樣的才能，好似上輩子帶來這一世的自然天賦，我就完全沒有這方面的天賦。

還沒退休之前，某天和朋友們到高雄一位油畫畫家朋友洪教授的畫室，洪教授拿出畫布和油彩邀請大家一起作畫。「來來來，你們幾位教授可以一起來作畫，隨便畫，不用想太多。」從小就不會畫畫的我，拿起畫筆，看到畫布，完全沒有信心，不知道自己要畫什麼，索性就畫自己得乳癌的心聲。我畫了一個胸部有個傷口傷疤，但另外一邊有燭光，期望表達出身體雖然不完美，但心裡仍然充滿希望的心情。沒想到洪教授居然說我畫得很有感覺，讓他很感動，於是拍下我的畫作。有一次他和另位畫家朋友分享我的畫，看著我的畫，那位畫家朋友直說，「這位徐教授有畫畫的天分。」甚至想要收購珍藏我的畫作。洪教授就說真的很不容易，我的第一幅畫居然就有人要買，完全顛覆以往自認沒有繪畫天分的印象。對色彩沒有學理概念，也不曾正式學過畫畫，只是隨著心念畫出想法，沒想到居然可以被畫家教授看中，還要收藏，真是太神奇了。也許我的畫就是表達內心真誠的想法與人不同，是獨特的創作，才會令人感動吧！

因為這樣的一個境遇，洪教授建議我要繼續畫畫。就我的觀點，當要建立一門學問技能，例如畫畫時，還是應該要學習一些基礎，有基礎之後，經過「領悟、心向、引導反應、操作、熟練、改編」，畫到某種程度，最後才提升到創造。但洪教授持不同看法，他分享自己就是自然而然成為畫家的。洪教授認為任何藝術，到達一個頂端的時候，其實反而要學習把所有的東西都丟掉，回到原點、很純真的想法，那才會激盪出創意。洪教授就覺得自己正處於缺乏之創意這一部分的狀態，而從他的角度看我，他認為我完全沒有任何畫畫的技巧、色彩學的羈絆，只是想到要畫什麼就畫什麼，對於顏色深淺、明暗光線也毫無概念，繪畫的立體感空間感也都沒有，但洪教授說，「許多大師也都是這樣，想畫什麼就畫什麼，有時也許就是很簡單的線條，但卻能觸動人心，返璞歸真反而可以產生共鳴。」被說成具備大師特質的我，現在回頭來學習畫畫的基本技巧，有些朋友勸我不用學畫畫，順著心去作畫就好，但我總覺得，就算是天才，也應該要有百分之九十九的努力。

療癒心靈的過程

百分之一的天分，還是需要百分之九十九的努力，要流血流汗、要經歷一些過程之後，才能夠得到開枝散葉的成果，「一般人」不可能什麼都沒經歷過，就說自己是大師，總覺得這樣的說法不合理，也不真實，所以還是決定到師大學畫畫。

開始學油畫、學壓克力畫，第一次畫的時候，連油畫的背景應該要怎麼拿畫筆塗抹都不知道，所以第一堂課幾乎就亂塗，結果被老師指正，老師提醒應該要順著一個方向塗上油彩，一筆一畫都被制度化，明暗線條也都被規劃好，感覺就是把你框著、綁著。畫家朋友洪教授提醒我，可以去學畫畫的基本技巧，但千萬不能被那些東西框住；可以知道怎麼畫，但絕對不能被既有的規範綁死，否則就會失去原來的創意。我的創作畫好之後，請師大油畫班的畫畫老師指正，老師居然說他不予置評，因為他完全不知道該怎麼幫我修改，可能畫畫老師不好意思直接指正身為教授的我的畫吧。或者是隔行如隔山，抽象畫不了解野獸派，古典寫實傳統與現代抽象創作，在美學觀點上大不同吧！

洪教授一直很欣賞我的畫，他覺得我的畫很有創意，有的人可能會認為我的畫很質樸、完全沒有技巧，運筆很不純熟，我的朋友陳教授曾經把我的五幅畫作拿去參加畫展，結果他說，「有兩幅被放到一邊，因為那個畫展的畫家，覺得妳的畫像小孩子的畫一樣，所以他勉強可以接受三幅畫作，其他的就被丟到一邊。」看到畫作被擱一邊，陳教授生氣的堅持再把那兩幅畫作放入畫展中。畫的好壞本來就是見仁見智、很主觀的，就像梵谷在他精神狀態開始出現問題的時候，他很躁鬱、很亢奮的時候，畫出來的作品反而是最經典的。其實，畫畫的過程本身是一種療癒，它可以治癒心靈，也可以紓解心中的鬱悶，而畫得好壞只是不同觀點的解讀。

正向看待一切

創意與教育有關。東方人較保守，老師教我們畫一隻狗，可能每個人畫出來都會很像，但西方國家的老師教畫狗，會給學生很大的空間，所以西方孩子畫出來的狗可能會呈現各種不同的樣貌，有的是一隻狗，或可能是兩隻狗，或者哭的、靜的，坐的、爬的、跳的，一隻腳的狗、兩隻腳的狗，五十位學生可能都會畫出不一樣的狗。東方的教育方式就是要聽話、照著老師規定的模式去做、照著制式規範去畫，但西方國家的老師可能會讓學生隨便揮灑彩筆，隨自己的心意去創作。東西各有不同的教育思想方式，制式的教育方式，固然會框架了創意，然而有些學習的屬性，必然需要有所遵循，就像我們學電腦一樣，剛開始學的時候就是一個指令一個動作，隨便亂按是行不通的，所以要看學習的屬性是科學類的學習？理性或感性的學習？哪些是需要很多創意？哪些則一定要規規矩矩遵循

SOP？就像護理工作，大部分技術只能照著SOP，完全不能有創意，一定要按照規範去做，否則萬一不小心打針打臀部打歪斜了部位，可能造成坐骨神經麻痺，那還得了！

我在學習繪畫的過程中，感受到自己在這個領域並不是一個很聰明的學生，老師不管教什麼樣，如臉的比例、光線明暗、構圖，要如何模擬？我總是沒有辦法畫得很像。留意光線明暗深淺，以及一層一層疊上去的油畫畫法，在我心裡有某種程度的排斥，總想為什麼一定要這麼複雜？是不是應該順著自己的心走就好，想畫什麼顏色就畫什麼顏色，但是畫畫老師制定了油畫的步驟，一定要先塗成暗黑的，再一層一層上色，才能夠畫出深淺明暗，我就覺得很納悶：這樣美嗎？有時候我不大認同老師的教法，老師也不太接受我的創作模式。

後來我畫了一幅「花開見佛」的作品，我順心隨便畫，沒有線條，很單純沒有太多的顏色。這幅畫可以從不同的角度、正反面都可以看，自己覺得很有創意，但老師說我畫得手不像手，反而像扇子，認為不大合適拿去參加四月的師生聯展。老師覺得我初學沒有打底稿直接畫出來，完全顛覆學院派的模式，就像先前在洪教授家畫的乳癌那幅畫，科班學院派的老師，覺得我畫得很不像，但我就是畫我所見、所感、所思，幾堂課下來，已累積二十多幅的畫，全部都是依著自己的心，畫出來的作品。

跨領域的結合

我畫畫的時候常希望能結合一些其他的東西，所以會延伸出很多領域的印象在裡面，譬如說手掌正面反面都可以看，就是我的突發奇想，如心理學的花，有些圖看正面看反面的結果會不一樣，一面看似美少女，另外一邊則看似老太太，不同的角度看感覺就是不同。口足畫家謝坤山，送給花蓮慈濟醫院安寧病房的一幅畫，從一面看起來是一片蓮花，但仔細往裡面看，又可以見到一尊釋迦牟尼佛，有心就可以看到佛菩薩。我也畫了《福祿壽囍》四幅畫（請參見第十六頁），我是想把古人說的「詩情畫意」的詩和有意義的意境圖畫結合在一起，用書法和繪畫做跨領域的結合。這四幅畫都是用一百個不同的人物水果代表祝福。第一個福是百人愛心祈福，第二個祿是百萬金幣增祿，第三個壽是百粒壽桃祝壽，第四個囍是百顆蘋果增囍。

雖然我的許多跳脫想法，以及顛覆正統畫作的模式，可能會讓有些人覺得很怪，但終究得到自我療癒的效果，自己很開心就值得了。畫作本來就沒有美醜之分，重點是能不能感動人心，我的體會就是每個人看一幅畫或是一篇文章的角度不同，就像有些話明明就是很正向，但有些人就是覺得沒辦法領受，所以正確的中心思想很重要。

這學期，我又加入人體素描班學習速描，三小時課下來，可以畫十四幅人體模特兒的速描，每張速度在五到十分鐘內完成，不論好壞、美醜，瞬間霎那抓住人體的美，就是一種享受。畫出十四張各種人體的動靜態姿勢，令我感到很有成就感，值得開心一陣子。

鏡頭下的攝影

再來談攝影。攝影不是只要會拿著相機拍照就好，這當中有太多學問。不同的角度會有不同的畫面呈現，我看的角度跟別人看的角度是不同的，選擇的主題也會不同。這讓我想到人生應該要有目標，以前年輕的時候一直忙著工作，所以剛退休的時候，也沒有太大的不同感受，像我這樣的工作狂，退休後反而更忙，因為仍舊把自己的生活排得滿滿的，所以根本沒有時間孤單、憂鬱。以前是被工作占滿時間，現在是被休閒和學習上課占滿生活。

退休之前的日子，是備課去教學生，現在是自我放空，讓其他領域的老師教我各種才藝，我就當小學生一樣，讓自己歸零。記得有一次我去欣賞人物攝影展，旁邊有一位解說的攝影師，我問他如何看出照片的感動處，那位攝影師指著一幅小朋友的照片，問我看到什麼感動點？我直覺回應說，看到了純真；他又指另外一幅是臉上充滿皺紋老人家的照片，再問我有感覺嗎？我感受到穩定、安詳與滄桑。這位攝影師提到這些得獎的參展照片畫面，都是經過設計而拍出來的，已經是安排最好的角度、最好的光線拍攝出來的，最後這位攝影家說，「其實老人家都已經笑僵了，並不自然。」但什麼才是最好的攝影呢？

拍下瞬間感動

攝影跟畫畫一樣，有主題、有色階、有明暗、有對比。有些攝影家會事先設計好主題，但審美眼光，以及藝術觀點是很主觀的，就像我畫的那幾幅畫，有些人覺得像小朋友的畫，卻也有專家教授非常讚賞。學攝影要很有耐心，例如我們在拍動物的時候，可能等很久才能夠抓到最自然、最經典的畫面，有時候遇到下雨，照樣要拍，我們的攝影老師不認為「多拍」很多就是好，而是要我們「多看」很多好的作品，才會從當中抓到好作品的感覺。

個人覺得攝影與繪畫不太一樣的地方在於，如果畫得跟實物一模一樣，那去拍照就好。有些人把毛髮，或是動物的毛畫得非常精細、非常清楚，我就認為很奇怪，因為既然要寫真、要像真的一樣，乾脆用單眼鏡頭或近距離拍照就好。畫畫對我來說，就是設定一個主題，有創意的把自己心中想法表達出來，就像我曾經畫過一幅老和尚，我把主題設定為「慈光普照」，感受那份莊嚴與慈悲；但攝影之於我，則是透過鏡頭，拍下每一個感動的瞬間。

美妙的律動世界

我還學習社交舞及國標舞，男生女生的舞步都學，目的在男女人數懸殊時，可以隨時補位；我也學唱歌，我的音樂細胞其實是很弱的，甚至可以說是五音不全，但覺得很多事情都是可以訓練。教書時，大多數工作都需要講話，所以訓練自己用腹部發音，以減少喉嚨的耗損，退休後不須上課教書，就很少需要講很久的話。有一次朋友約我去唱卡拉OK，我居然唱不出來，深深感受到其實很多事情真的要訓練，沒講課聲帶退化，反而無法唱歌了。每次的上課其實也是在讓自己練習發音，還可以練肺活量，不上課之後居然唱一首歌喉嚨就啞了。

這個狀況讓我體悟到「用進廢退」的道理，生物學家拉馬克說的「用進廢退」說，要常常用才會進步、發達，不常用就會功能退化、退步。各個領域都有其專業技巧，都需要時時訓練，身體也是一樣，身體的機能需要常常運用，如嗅覺，有人可能一聞就知道是什麼菜香或聞出是什麼酒，甚至知道是什麼年代、用什麼材料製造的，五官感覺需要常常訓練。想唱好歌也要時時訓練，用腹式呼吸共振各種發聲方式。

最近我上陳忠義老師的「歌唱技巧教唱班」，學習呼吸技巧、肢體律動、氣息控制、橫膈膜運用、聲音共鳴、音色變化、聽音及音程訓練、旋律線條及舞台演唱情境掌控，使我愛上了歌唱，開啟潛能，天天唱歌，快樂無比。

學鋼琴也是，其實七十歲的手指已經比較僵硬了，只能盡力有時候用一指神功，目的在手腦並用，減緩失智退化的時間；唱歌也一樣，也許有人五音不全、節拍不對，但只要放感情，用心地唱，同樣可以感動人心。我學習各種才藝，並不是要成為專家，而是把它當作娛樂、休閒。我的朋友就說我音樂應該沒有天分，但是我的畫卻是可以努力繼續發揮創意。個人喜歡簡單的畫，不喜歡太多雕功、太複雜的方式，喜歡用簡單的一兩筆勾勒出意境就好，期待這些學習，以後可以運用在藝術治療、繪畫治療上，開心就好。

盡情揮灑的書法

孤獨的書法路

再來談談書法，跟著陳老師學書法，讓我有一些感慨。陳老師在書法領域鑽研甚深，也得過很多書法獎項，但好像較不能透過書法創作行銷得到多一點的經濟收入。好比油畫，有時候一幅畫如果得到認同，可以賣很多錢，畫家就能得到一些財富上的支持。書法在現代社會就沒有這樣的境遇，有些很辛苦的工作，就是沒辦法賺很多錢，令人感慨。雖然書法不能為老師帶來財富，但老師的內心卻是豐富的。他這種對書法傳統的了解與現代的創作，讓我感觸良多，覺得在某些領域中，你的堅持必須要經得起孤獨。其實人生在世，每個人都是獨立的個體，即便有家人，有朋友，但人終究是獨立的，所以人人都應該要學習孤獨，甚至能經得起孤獨，才能創新或走出自己的路。

相較之下，中國大陸比較重視書法這個領域的藝術與成就，他們甚至用重金徵求破解古代書法藝術文字如甲骨文的內涵，也有透過書法來看一個人的健康（因為可以從一個人下筆的力道，揣摩出這個人的身體狀況）。可惜臺灣現在比較不重視書法，早年學校還有書法課，寫作文或寫週記都要用毛筆寫字，但現今的書法已經成為隱學，少人重視。

學習書法的好處

高中時期，我對文學就充滿憧憬，也開始寫小說，小時候背了很多詩詞歌賦，種種年少記憶，都在練書法時一一湧現。學習書法的好處數不盡，大致歸納有以下幾點：

第一，學習書法可以讓我懂得如何看字書，了解書法有楷書、行書、草書、隸書、篆書及甲骨文等。以往的工作與生活，不太有機會接觸這些古代字書，因為學習書法，得以有機會接觸字書。這些充滿藝術價值的字書，讓我可以了解其中內涵，涵養知識與內心。第二，書法讓我追溯歷史的源頭。很多字帖都是歷史故事的拓印，透過練習書法，我可以一筆一畫、一點一滴去讀歷史並由看古代歷史劇中看懂文字，這是一個非常令人開心、有深度、且極有意義的活動。第三，學習書法讓我會常去看書畫展，接觸書畫及書畫家，培養文化氣質。我中女同學賴淑珍就常舉辦詩書畫展，是位氣質優雅的書法家。

退休之後，參與非常多的課程，從繪畫、攝影到歌唱及舞蹈，這些種種的藝術學習，讓我在書法當中得以進行融合。例如我可以將書法元素融入繪畫中或是攝影構圖中，這些都是前所未有的體驗，這是書法帶給我第四個體悟。因為書法的博大精深，融合了各種學問於其中，從歷史層面、字體演進，到各種藝術的展現，書法可以整合不同的學問與藝術，真的太棒了。

歸零學習的整合

書法讓我有以上的體會與領悟，以及更多的反省。反觀自己的一生，發現在練習書法當中，可以學習沉靜、學習謙卑、學習孤獨，所以說書法的好處數不盡啊！

教了一輩子的書，以前是我教學生，退休之後讓自己歸零，變成學生，角色互換。退休後的生活，完全是自在又沒有壓力的，不需要再像以前那樣備課、審核學生的作業、思考如何教育學生……，生活總是緊湊忙碌，幾乎沒有時間為自己做一些舒壓的事，即便如運動這樣的事情都無法落實。如今退休，我一樣很忙碌、很充實，但卻是完全沒有壓力，因為我的忙碌在於學習各種我想學習的東西，這種充實與滿足感，是以前無法體會的快樂。我也可以隨時放掉不學，所以沒有壓力。

反觀護理價值

各種不同領域的學習後，反觀我這一輩子的志業——護理工作，是很專業的工作，是良心的工作。如果護理師沒將傷口照顧好，可能讓病人傷口潰爛；如果針沒有打好，無菌技術差也會造成病人身體的傷害。有些病房護理師照顧中風病人，需要常常幫病人翻身，其實是很辛苦的。當年在臺北榮總實習時，我也是和前輩從第一床翻到最後一床，再從後面床位更換尿布換到前面，整天幾乎沒有休息，重複技術與愛心學習，看盡生老病死。有一次輔導會的主任委員經過病房，從病房布簾的縫隙看到護理師在幫榮民老伯伯病人洗澡，他非常感動，自己的家人可能都不一定能做到，護理師跟榮民伯伯非親非故，居然願意這樣做，他真的很感動。這就是護理使命與價值。在工作時，如能融入愛心、耐心、細心、虛心、恆心、研究心，加入音樂、藝術的思想與感覺，病房布置人性化，做起事來，會更開心、更有治療效率與效果。

以前我在面試護理系學生的時候，總會提醒學生，「護理工作非常辛苦，你真的願意當終身職業嗎？你要不怕髒、不怕苦，要幫病人把屎把尿，要想清楚，要有愛心願意持續這樣做才適合選擇這份工作。」護理師可以從工作當中，病人的眼神、言語及肢體動作等，得到病人的認同，這就是最大的成就感。護理是很多要事前清楚細心準備的工作，許多事情要做到圓滿，都要做好功課，才能言之有物，才能夠做出正確的判斷，所謂「臺上十分鐘，臺下十年功」，正是這樣的意涵吧！

任何事情要學習如何才能做得好，必須透過事先準備、上課認真、下課持續練習，才能熟能生巧，有機會學以致用，是很重要的理論與實務結合實作。例如在第一時間、黃金時間，給心臟停止的病人進行心肺復甦術（CPR），急救病人起死回生，或持續照護需要長照的病人，用溫暖的手為他們按摩，那些真是一幅一幅美麗感人的畫啊！我希望透過文字、畫畫、媒體報導或自拍、直播，也能經常看到溫馨、感人的真實報導，而不是每天都看到不營養、不健康，充斥著暴戾、說謊或一言堂的假新聞啊！

▲參加臺中女中同學賴淑珍（左）在台北的詩書展「挹萬里之風光」。

◀攝影講求的是對比，瑪麗蓮夢露穿得很少而我穿得很多，金髮對黑髮，妙齡對熟齡，瘦子對胖子，都有對比。這張是我同學呂素櫻在中女校友會舉辦日本旅遊時，在東京幫我攝影的，是我很喜歡的一張照片。

四、照顧中風失智的家母十一年有感

父親是一個勤勞的人，每天固定運動，打太極拳、散步，一直維持瘦瘦、輕盈的身形，到九十一歲在睡夢中離開人世。回顧父親一生，幾乎沒有什麼太大的病痛，很有福報，可是我的母親卻有著截然不同的人生。

清廉而坦蕩

父母親是民國三十四年結婚的。國民政府搬遷來臺，父親時任接收大員，母親在新竹總督府上班，與父親有工作上的接觸，兩人一見鍾情，後來論及婚嫁。只是當時外省人要與本省人結婚，是非常不容易的事，父親是中央政府官員，母親又是新竹林家望族後代，自然有許多阻力，但因著父親對母親堅定的愛，終於突破各種難關，順利結婚。婚後兩個人相親相愛過日子，培育我們四個小孩，生活過得簡單樸實。

後來父親從政府官員轉任教職，一輩子清清白白，跟母親和我們過著很清苦的日子。我們從小都是住在父親任職分配的宿舍，並沒有屬於自己的房子，還好母親懂得持家、省吃儉用，好不容易存了些積蓄，才得以在民國六十一年購買了青田街的房子，也是父母親後半輩子安身立命的家。

父親個性溫和樸實，教導我們的誠實與誠信做人。工作多年，我從來不曾拿工作上的任何東西回家，即便是小到一枝筆。有一次我帶回一枝醫院贈送的筆，女兒看到很疑惑地問，「媽，怎麼會有醫院的筆？不小心帶回來嘍？」聽到女兒的疑問，其實我心裡蠻高興，因為女兒了解我從來不會帶不屬於自己的公務用品回家。這些觀念與習慣的養成，都得自於從小到大，父親給我們的耳提面命與身體力行的身教。雖然從外在物質層面看，父親終其一生，什麼都沒留下來，但一生落實的清廉、一介不取精神，卻讓身為兒女的我們，能夠清清白白、坦坦蕩蕩面對人生。

中風失智之苦

母親和父親的性情有很大的不同，母親在生活飲食上比較隨興，也沒有運動習慣，還沒中風前的日子，重心就是放在照顧家庭，用心持家，努力節省家庭開支，存錢買屬於我們自己的房子。十一年前，母親中風臥床之後，狀況變得比較辛苦，尤其是往生前最後兩年，母親已經失智幾乎認不得人，生活也無法自理，感覺那段期間，母親也沒有什麼求生意志。常常看到坐在輪椅上的她，幾乎是沒有笑容的，臉上不是目無表情，就是愁容滿面。我在公園看到坐輪椅、插鼻胃管的老人，幾乎沒有一個是有笑容的，才知道微笑、有笑容，是多麼珍貴啊！

沉重的照顧之責

早期都是我們三個姐妹輪流貼身照顧母親，一開始的一年中，我為了能專心照顧母親而辭去工作。當時在慈濟大學護理系擔任系主任，遇到母親中風，需要被照顧的狀況，只好跟上人告假請辭，回家陪伴母親。即便如此，我們三姊妹都已是六十多歲的年紀，長期下來，體力也吃不消，大家都非常疲累。於是跟母親討論，希望能夠找一位外傭來幫忙，但母親非常不能認同，她不希望家裡有外人。由於母親中風之後身體更加沉重，每次要移動七、八十公斤的母親，我們三個年紀不小的女兒都覺得非常吃力。後來只好跟母親說，「如果再不找外傭幫忙，我們三個都會累垮，就沒人能照顧您了。」母親才勉強答應請外傭。

外傭來了以後，我們三姐妹還是輪流去陪伴母親，但多了外傭的幫忙，照顧壓力減輕許多。不過請外傭的過程也不是那麼順利，前前後後總共換了四位外傭，有的不適應，有的跑了。記得有一次輪到妹妹去陪伴母親，當時母親還能夠在旁人攙扶下慢慢走路。中午時間，妹妹和外傭陪著母親下樓走到家附近的自助餐午餐，用餐時發現氣溫有點涼，於是妹妹請外傭回家拿外套，沒想到這一去，外傭就沒有再回來，原來她趁這個時間回到家裡打包行李就逃跑了。還好，後來很幸運的請到阿麗，她非常願意學習，到我們家之後，經過一段時間適應、磨合後，她能夠把母親照顧得乾乾淨淨，讓我們都很放心。她在我們家做了六年，期間我們把她當家人，幫她出機票錢回印尼家鄉探親，也讓她休假時能去找朋友聚會。阿麗對母親非常用心，母親離開的時候她哭得非常傷心，因為我們把她當家人，她也同樣的以家人的態度回饋我們，很感謝有這一段美好的相處因緣。

熟悉變陌生

母親中風前幾年，還住在青田街三樓的老家，因為常常需要去做復健，上下樓梯非常困難，只好請樓下警衛幫忙抱母親上下樓，但想想這不是長期的辦法，於是決定把青田街的房子賣掉，去買有電梯的大樓，這樣外傭可以推著輪椅帶母親到中庭花園走走，要去復健也方便。但世事難料，搬到淡水臺北灣四季之旅新房子一年多左右的時間，有一次母親嚴重感冒，到臺北榮民總醫院治療，但這一進去就住了一個多月時間，卻仍無法痊癒，而後在北榮往生。

母親還在世時，每次去陪伴時我都會摸摸她的臉、按摩她的手腳，親近她，兩年前，她開始不認識我，但也勉強讓我做這些動作，到後來，尤其是最後快要離開之前，她對我的這些親暱動作，反而非常排斥，甚至會嚇到。當時母親的失智病況一直在倒退，所以我們三姊妹輪流出現，對她來說就是陌生人，若去摸她，自然會有驚嚇的反應。尤其在母親要離開最後一兩個月，除了每天相處的外傭阿麗之外，其他任何人幾乎完全都認不得。

母親對我來說，是非常非常熟悉的人，但居然變成如陌生人般，甚至根本沒辦法親近她，是真讓人難過的。朋友安慰我，「雖然母親不認識妳，但妳認識母親，還是可以像以前一樣的對待母親。」母親把我當陌生人的這種感受，我還是適應了好一段時間才慢慢釋懷。

放下人間事

很多人認為我這一生都以母親為重，如果母親離開，我一定會崩潰完全無法接受，但沒想到母親往生當時，我居然能夠平靜面對。後來想想，和母親相處近七十年，幾乎都是朝夕相處，她居然在失智後忘記我，剛開始真的沒辦法接受，非常難過，就像許多電影劇情，最親近的人反而變陌生人了，那種錐心之痛難以言喻。不過這樣的情況慢慢越來越習慣，我也漸漸能接受母親不認人的狀況，到最後終於能夠平靜面對母親的離開。

一路過來，看到母親從一個健健康康的人，到中風之後，身體一步一步的衰壞，心靈也漸漸枯萎，我的心裡於是想，母親這樣太辛苦了，不如去換個更好的身體再來世間，對極重視形象、愛美的母親會比較開心。

對於母親的離世，有件事也讓我久久無法釋懷。母親是在臺北榮民總醫院往生的，接體員在將我母親大體移出太平間的過程中，因運送床操作錯誤，居然不小心讓母親整個大體摔到地上。這種幾乎不可能發生的離譜事情，卻發生在母親身上，令我們非常不捨，「怎麼會有這樣的事情啊？」「接體員應該要很謹慎才對呀？」「是不是要告他們業務疏失？」心中冒出無盡的疑問，於是問法師，何以有此因緣？後來得知，當天的接體員剛好是新進人員，不小心誤觸按鈕，讓整個運送床翻過來，母親大體就摔落在地。法師表示，我母親這麼一摔，就是把人世間的事務都放下了，不想留任何負擔或不愉快給後輩子孫，所以我們選擇了原諒與包容。這就是我的母親，這麼善良、這麼愛護我們，許多事情都是自己受罪、受苦，只把好的一面留給我們。

截然不同的人生

常常在想，為什麼父親和母親離開人世的方式差異這麼大？仔細思量後，發現他們兩個的生活形態有極大差異。爸爸的飲食非常清淡，而且有運動習慣；母親卻不忌口，有長年的高血壓病症，膽固醇高，又不愛運動，所以造成他們的晚年各有不同的狀況。母親中風臥床十一年，父親卻到九十一歲很自然地往生，沒有任何病痛，這都跟他們如何生活以及飲食有相當大的關係。這也提醒我自己，如果要有很好的後半段人生，就要好好照顧自己的身體，好好的吃，好好的運動，好好的對待自己。

母親第一次小中風之後，意識及行動都恢復得蠻好的，但她還是沒有改變飲食習慣，以致於到九十五歲往生之間，還經歷過三次的中風。母親並沒有正視自己患上的疾病，反而用一種隨緣、隨性的心態面對，所以造成疾病隨年齡增長，讓身體一直惡化，完全沒有辦法更好。母親第一次中風時才六十五歲，如果她當時就能夠開始改變自己的飲食，養成運動習慣，也許她的生活、她的晚年，就不會是這樣的過。每每想到此，就無比惋惜，這可能與母親的心境有關，因為母親年輕時候美麗大方，生活很活躍，沒想卻中風，行動受阻，最後幾年生活逐漸無法自理，整個身心衰退、食慾不好，漸漸變瘦。後來更因耳朵聽不清楚，眼睛看不清楚，所以常常抱怨說她很不喜歡這樣的生活品質。母親覺得自己的身體被禁錮著，不言不語，沒有反應，久而久之，就慢慢失智了，但因為大家用心把母親照顧得很好，雖然身體不好，卻還是到九十五歲高齡，因感冒發燒住院才往生。

長照資源

照顧母親十一年的歷程，深切體認長期照顧年邁長輩的辛苦，尤其是生病的長輩，如我母親的中風、失智狀況。我們已經屬於幸運者，有三個姐妹可互相分擔照顧責任，經濟狀況也允許我們申請外傭的幫忙，確實減輕不少負擔，不然中老年期的我們三姐妹，要照顧體型較壯的高老年期的中風失智母親，真是不容易。但是並非所有的人都能如我們，也許不一定有能夠分擔照護及經費之責的手足，也許不一定請得了外傭，也許可能必須放棄工作，回家專心照顧長輩……更可能面臨雪上加霜的狀況。

因為社會經濟富裕、國民平均壽命延長、生活品質提高，同時伴隨著老年人口的增加，政府及醫療機構，也因應趨勢，積極訂定各種相關社會福利及醫療保健政策，以滿足老年人及照顧者的需求。政府「長照2.0」的政策，確實讓許多老人照顧的問題得到紓解。建議多利用衛福部長照專區網站（https://1966.gov.tw/LTC/mp-201.html），當中有完整的長照政策說明，以及長照資源的運用資訊。

長照建議

就照顧母親的經驗中，提出如下照顧長輩的建議：

1. 尋求支援

照顧年邁長輩絕非易事，尤其是患病、行動不便，甚至無法自己進食的長輩，長期照顧費心費力，因此當自己無法負荷照顧之責時，務必尋得其他親友或是長照單位的支援。當初還沒申請外傭幫忙時，是我們三姐妹輪流照顧母親，剛開始認為大家輪流分擔，應該沒問題，沒想到對都已年過六十的我們來說，照顧中風失智的母親確是身心的大負擔，那段期間，我們三姐妹的體力都無法負荷了，只好請求母親同意申請外傭。

外傭協助照顧母親後，我們仍舊輪流去陪伴，但整個照顧品質已截然不同。有了外傭這個得力助手，我們得以更細心的照顧、陪伴母親，也能夠讓外傭適時的放假外出與朋友相聚，放鬆身心。無論被照顧的母親與照顧者的我們，都獲得更好品質的生活。所以切記，照顧長輩，絕對不能逞強，要適時尋求支援。

2. 選擇適合居住環境

二〇一六年，當時母親已患有中風七年、失智兩年，住在青田街四十坪的三樓舊公寓，沒有電梯，出入均需請專人抱上抱下，長期下來，既辛苦又危險，而且支付給專人的費用也從每次五百元漸漸漲到八百元，非常不便，所以我們三個姊妹想幫母親換個有電梯的房子，以改善生活品質。歷經一番買屋、賣屋的波折，母親終於住進有電梯的大樓，狀況總算獲得改善，只要將母親抱到輪椅上，就能輕鬆帶母親出門。因此建議，可以及早規劃適合老年人的居家環境，另覓房屋，或是改變家中設備，增加室內電梯、電動升降梯，以及避免老年人跌倒的室內安全防護設備等。有些照護相關設備的增設，政府會提供經費補助申請，可以向政府長照單位詢問，或上衛福部長照專區網站查詢。

3. 正向思維面對

照顧長輩的確不易，難免造成身心上的疲憊，有時或許產生負面情緒。而被照顧的長輩，面對身體逐漸老化，甚或行動受阻、無法自由進食等困境，心情更是難過不堪，可能也會有不愉悅的反應出現。當照顧者的負面情緒與被照顧者的不愉悅交集時，爭執、不滿接踵而生，周而復始，會變成惡性循環，對彼此都是煎熬。因此照顧者要保持正向思維，珍惜照顧長輩、與長輩相處的時光，但不勉力為之，要適時求援，有效運用政府資源，更要時時給予被照顧的長輩正向鼓勵，彼此才能產生正向循環，一起平安度過照顧時期。

法院及國稅局經驗

母親羽化登仙將近兩年後，接到國稅局的通知，要求我將母親的換屋及財產規劃等證件，送到國稅局做個說明。這才又勾起我對家母買屋、賣屋的艱辛過程回憶。

前面提到為讓母親出入方便，我們三姐妹決定幫媽媽換屋。有了共識後，積極尋覓適合媽媽居住的房子，經過評估，決定買下淡水臺北灣的房子。然而，買屋的前提是得將青田街老家賣掉，有了賣屋的錢，才有辦法支付買屋的款項。二〇一六年四月決定賣屋時，青田街地段非常搶手，因為二樓鄰居可以配合我們新屋的搬遷時間，所以決定將老家賣給二樓鄰居。

由買主找代書進行房屋過戶過程時，因母親未曾辦理過印鑑證明，又失智，所以無法取得其同意賣屋的證明，也無法代為申請印鑑證明，最後只好依法律途徑，辦理監護宣告手續後，才能替母親賣屋。

監護宣告的過程，需到指定特約醫院辦理精神鑑定，確認無行為能力，得到監護權後再申請財產處理；即需經過法官審核核准後，我們才可以替母親賣房子。申請核准的理由，是我們要幫母親換屋，所以需要以她的名義買房子，以保障被監護者的權益，這個程序大約需要六個月。

經過多次安排，總算於二〇一六年十一月二十九日申請到臺北榮民總醫院完成精神鑑定，然後再憑此申請法院的核准，由監護人處理買屋、賣屋事宜。當時因為青田街老家房子還沒賣出，沒有錢先購買淡水臺北灣的房子，而且當時家母已九十三歲高齡，不符貸款條件無法貸款，只能全部以現金或支票轉帳支付，後來就以我的名義向臺灣銀行貸款，先付臺北灣的屋款，解決燃眉之急。另外，母親賣屋以後的財務規劃及支出使用情形細節，均有文件說明須保留備用。

經過這次幫母親處理買屋、賣書的歷程，自己整理出一些心得及建議，與大家分享。

1. 證件務必齊備

向法院申請為受監護宣告時，務必備齊所有的證件，以免退件耽誤時間。當年家母失智、認知功能障礙、無法有意識表達，依規定須備妥戶籍謄本、親屬系統表、同意書、診斷證明書等文件為證，向臺北地方法院申請監護宣告。

我是受監護宣告人之監護人，小妹為會同開具財產清冊者。我們一同到臺北榮民總醫院陪同家母進行精神鑑定，經醫師和法官勘驗點名呼叫沒有反應，法官親自詢問做筆錄，才和醫師共同完成家母失智鑑定報告。經法院民事裁定後約三週的時間，拿到確定證明書，才算正式完成監護宣告手續。

2.有借有還的原則

處理受監護宣告人之財產時，一定要本著有借有還的原則。如果有借款沒有還，可能就會被扣贈與稅。例如我貸了六百萬元轉存入家母銀行帳戶，目的是給家母買屋先付頭期款用，賣屋以後，就必須將六百萬元還入我的帳戶，這樣的借貸才有依據，否則會被認定是贈與行為，我這六百萬元可能就會被扣贈與稅。

3.贈與超過兩百二十萬要事先申報

是監護人，可以處理家母的財產，但需注意撥款時一次最好不要超過兩百二十萬元，除非是買屋錢，如一千萬直接付給建設公司，否則也可能被扣贈與稅。我國稅制規定，一年可以有兩百二十萬內的贈與免稅額，因此如果贈與超過兩百二十萬，就要事先申報。

4.務必保留「收據」

家母的案例是經過法院同意賣屋、換屋，並提出財務規劃核准在案，所以買屋、賣屋及任何支出都必須要留有「收據」，以便國稅局或法院檢查是否有不當處理時能提出說明，以保障被監護人的權益。

5.整理收據帳本

我所說的「收據」，包括買屋、賣屋及買屋後的各種裝潢、改造無障礙空間、室內隔間施工、購買家具冷暖氣電器及醫療設施等開支。當然每個月的固定開支，例如聘請看護工如印傭的費用、醫療復健費、護理費、營養費、住院費等，都必須留有收據，甚至往生時買靈骨塔、辦法會及喪葬費用，都必須要留有收據。最好做個帳本實報實銷，並會同開具財產清冊的人（通常是兄弟姐妹）驗證，較為保險可靠。

整個買屋、賣屋歷程當中，因為有機會認識律師朋友，進而也結識許多代書、會計師、精算師，學到不少法律行政知識，甚至到後來不用請代書，我可以自己到行政機關辦理有關贈與等行政事宜，可以說是充滿波折過程中的意外收穫！

五、開啟後段人生

從母親的人生，我得到了學習。母親六十多歲時小中風，就是在提醒要照顧好自己的身體，可惜她並沒有放在心上，以致於後半段人生的身體每況愈下，最後到無法修補的狀態。罹患乳癌，也是上天給我的提醒，讓我有重新修補的機會。現年七十二歲的我，維持規律的生活作息，保持適量運動，攝取均衡營養，安排喜愛的興趣學習，就是要重新好好照顧身心、愛自己。

對退休之後的生活，我有很豁達的看法，可能因為我比較幸運，生活都還過得去，可以自己一個人過得很好。如果哪天身體有狀況，我也不排除去養老院，不想給子女負擔。其實住養老院也沒什麼不好，大家都是年長的人，住在一起，可以談的話題都很接近，做活動也都可以互相分享。父母先後離開，我也到了退休的年紀，開始過退休生活，許多在年輕時為家裡努力工作的狀態下，沒有辦法做、沒有時間完成的夢想，以及想學習的一些興趣，都可以在退休之後去實現。

很感恩父母給我的教育，以及提供很好的生活與學習環境，形塑獨立自主的我，讓現在的我有這樣的能力和條件。現在回頭想想，提早從公務人員體系退休，離開榮總，對我來說反而是一個很好的生命轉機，如果我繼續待在榮總，也許就一輩子在榮總，也許不會有後面這麼精彩的職場生涯，多賺十六年額外收入，可以好好過退休生活。所以年輕的時候就要努力累積實力，更要好好照顧自己的身體，到了退休年紀，不但可以靠實力來養活自己，甚至可以照顧到上一輩、下一輩，還可以讓自己健健康康地學習更多自己喜歡的東西，過著屬於自己的後段人生。

現在的我，比二十年前罹患乳癌的我，不論是身體或者是心靈，都感覺無比的平順。想到當年工作、婚姻，加上身體的問題，全部湊在一起一擁而上的辛苦，不禁感恩我終於勇敢的熬過來了，讓我得以過七十以後的精彩人生。苦盡甘來，倒吃甘蔗，酸甜苦辣，自在圓融，斜槓樂活人生真好！

我也想跟大家分享在網路上的一段影片：美國一位婦女Phyllips雖然已屆九十六歲高齡，卻仍然活得像少女一樣！她在六十歲以後，仍然持續運動、學習、唱歌、跳舞、學瑜伽、學飛行跳傘……九十二歲能表演探戈大旋轉，九十五歲還能劈腿，擁有少女般年輕的心。看了她的故事，我們能說我們學習太晚了嗎？鼓勵大家要多愛自己，熱衷學習，勇於築夢，努力圓夢！

附錄一　正向思惟、勇敢堅毅創新的徐南麗教授

醫護明珠、杏林之光

劉峻正／航空醫師

緣起

國軍航空護理師的制度已經肇建滿五十年了！空軍司令部於一〇六年六月十四日舉辦了一場空中醫療轉運的座談會，很榮幸地邀請了航空護理師的模範標竿——徐南麗教授出席與談並接受訪問，和大家分享她勇於創新的經驗和正向思惟、積極追求完美卓越的為人處事態度。筆者撰稿彙整她的成就事蹟後發覺，徐教授除了航空護理模範以外，在教育界、學術界以及醫護業界都具有豐富跨領域經驗及卓越的表現，平日默默貢獻社會，就像一顆含光的明珠，逐漸發光、發亮、照亮人群。

枕戈待旦　啼聲初試

徐南麗教授，在航空護理界向來享有盛名，也是護理學界公認的權威泰斗。她大學時期就讀於國防醫學院護理學系第十九期，在學期間接受了四年一貫文武合一、術德兼修的教育，為自身的學識奠定了深厚的良好基礎，同時也立定志向，堅守「燃燒自己，照亮別人」的工作誓言。民國五十九年畢業分發後，隨即進入空軍第四期航空護士訓練班，接受為期九週的專業訓練，這讓她除了深刻了解人體在高空的生理變化外，同時也對飛行器的特性能夠掌握，做為即將派往「飛行醫院」執行空中傷患後送的準備。在這段日子裡，她深深愛上藍天白雲的生活，也深知自己的責任重大，更加嚮往到金門前線為官兵服務。不久之後，她的願望實現了，民國六十一年三月，她迫不及待地帶著虔敬的心走向前線。開啟了航空護理一片天空，冒險犯難，救助了無數傷患，貢獻社會。

前瞻領航 大膽創新

民國六十三年間，徐南麗赴美國空軍航太醫學院接受為期十六週的航空護理師訓練，除了專業的航空護理課程外，期間還接受了模擬三萬五千英呎高空的低壓艙艙航訓練，深刻地感受人體在高空的各種生理變化，以及帶來的種種不適症狀，這是她第一次到美國進修。美軍龐大而分工精細的作業系統，讓她見識到美軍的作戰思維以及投注下的人力，這對於她既有的思想有了不同面向的啟迪，從此打開了她的國際視野。其中尤其以DC-9南丁格爾傷患專機的機上實習，讓她對空中傷患後送任務有了更深刻的體會。徐南麗像是吸飽水分的海棉一樣，回國後迫不及待地想要把所學奉獻給國家。民國六十四、六十五年間，中華民國空軍在徐南麗的先期規畫下，參考了美軍DC-9南丁格爾專機的內裝及運作模式，經過她的精心設計，並多方收集資料後，將當時的主力C-119型運輸機改裝成繪有九個紅色十字架的空中醫療救護機。隨後經過賀台珠、陳玲兩位繼任分隊長的共同努力，歷經了四年的時光，終於在六十七年十月正式啟用，將 C-119 型運輸機 169 號機成功改裝為空中醫療救護機，一直到七十四年間空軍換裝 C-130 型運輸機而中止使用。這架專機的主機艙前後區隔為手術室和擔架病房二部分，且同時可以在飛行間進行手術。這在當時是一個創舉，不僅見證了我國航空護理專業的能量，空中醫療救護專機也成 為國軍軍醫史上絕無僅有的紀錄，這一切都要歸功於徐南麗的先知灼見和辛勤付出。

深思熟慮　精益求精

此外，徐南麗返國之後，還致力於改善後送專機及大量更新醫療設備，期能與美軍水準並駕齊驅。除了汰舊與更新硬體之外，她還著手著作「中國空軍航空護士檢查卡」，一手建立起「空中醫院」的標準作業程序，規範航空護理的操作品質，使得傷患在轉運過程中得到最妥適的保障。此外她還著作「航空護理學」一書，律定空中傷患檢傷分類程序、提供航程間的應變照護，並依照傷患分類系統進行照護，有效提升航空護理人員專業素質。這是國內第一本航空護理專業書籍，直到今日，一直都是人手必備的經典。徐南麗具體地將理論化為實踐，將航空護理師的繁複作業系統化、學理化，使得現有的空中傷患後送制度的專業化更加完備細緻，醫療團隊人員的素質與作業的安全性 更形提升，她對國軍的軍陣醫學做出了極大的貢獻。

國軍英雄　十大傑出女青年

由於建立後送作業標準、計畫設立空中醫療救護專機及樹立護理制度等重大功蹟，年僅二十六歲的她當選六十四年度國軍英雄，接受當時的空軍總司令司徒福上將頒獎，並蒙行政院院長蔣經國先生及參謀總長賴名湯上將召見；六十五年當選為第六屆十大傑出女青年，代表十傑致詞獲得嚴前總統家淦先生召見及總統夫人頒獎。當年的獲獎照片成為國軍刊物「奮鬥」月刊的封面人物。照片中她穿著空軍禮服，炯炯有神地站立著，左胸前的金色航空護理胸章下方掛滿了代表無數次冒險犯難換來的勳標，她臉上畫著淡妝，雙手端著楊英風大師雕塑的金鳳獎座，臉上露出了淺淺地微笑——這是徐南麗人生中的第一個高峰，同時也使空中傷患後送分隊的聲望達到一個巔峰，她成為航空護理界眾人無法超越的傳奇。這一年，她才二十七歲。日正當中之際，二十八歲的徐南麗由於懷孕的緣故，必須離開摯愛的航空護理工作，調回軍醫院擔任一般的臨床護理工作，一切由絢爛歸於平淡。雖然掌聲後總是落寞的，徐南麗一顆上進的心卻從未休止。在這沉潛期間，她仍是不斷進修英文和充實護理專業知識，終於順利考取護理研究所攻讀碩士，同時也獲得臺北榮民總醫院鄒濟勳院長的賞識，為她安排軍職外調；徐南麗在空軍服務了十二年之後終於譜下了休止符，轉換到另一個人生跑道，從事民間醫學中心醫護工作，服務一般社會大眾。

承先啟後　登峰造極

在臺北榮民總醫院擔任督導長二年之後，徐南麗總是日以繼夜不斷地從事護理臨床、教學和研究工作，傾全力貢獻所長。秉持勇敢堅毅創新的信念，克服許多現實的問題，申請到國科會提供進修博士的獎學金，前往美國伊利諾大學芝加哥分校攻讀護理行政管理博士。年少時所接受的軍事訓練，此時成為有效掌握時間、追求效率的利器，讓她懂得如何妥善規劃、充分運用時間。她在短短的兩年半之內破學校研究所多項紀錄完成攻讀博士，順利拿到學位，為日後的研究與教學工作奠定了良好的基礎。

臺北榮民總醫院向來以創新研究聞名。民國七十八年徐南麗取得博士學位學成返國之後，應用其專精的護理行政管理知識，積極建立工作標準及從事護理人力生產力研究，使護理行政研究工作標準化、電腦化，建立起有效率的護理人力管理系統，鼓勵所屬同仁進修。她還擔任榮總護理雜誌及腫瘤護理雜誌創刊號主編，提升院內同仁論文寫作水準，倡導護理研究風氣。此外，她還出版了護理行政與管理等書籍二十餘冊和發表論文、論著三百餘篇，並順利通過教育部的教授資格審查。

徐南麗深知臨床護理工作除了必須落實專業技能之外，還必須秉持著「愛心、耐心、細心、恆心、虛心」五心，更要本著「視病猶親」的人性觀照，才能獲得病患的敬重。正因為她兢兢業業，心存正念，一路走來，始終如一，她在臺北榮民總醫院擔任護理部副主任的公職生涯，又為她攀上了人生的第二座高峰。她具體加強整合榮總臨床教學研究能力，培訓海峽對岸（如北京協和、湖南湘雅、南京東南大學等等）醫護人員的專業知識及服務品質，走遍大陸建立兩岸學術交流加強行政互訪，說她是和平天使、先鋒啟航者實至名歸當之無愧！

杏林春暖　遍地桃李

計畫總是趕不上變化，九〇年間徐南麗發現自己罹患了乳癌且已轉移，在堅持不請病假、不影響公務的前提下，僅利用個人休假即週五下午和周末時段，勇敢面對、堅毅接受一連串化學治療後，她決定提早自臺北榮民總醫院辦理退休。退休後，充滿經驗及執行力的徐南麗，在多方的邀約下，她接受了證嚴法師的邀請，來到臺灣醫療資源最為貧乏的後山，發願培養更多更優質的護理人力；她決定奉獻畢生所學，從聞聲救苦的白衣大士轉變為辛勤園丁，來到花蓮慈濟大學擔任護理研究所所長暨護理學系主任。在教育理念上，她一如以往、多管齊下，朝著「照護、溝通、行政管理、教學、研究、自我成長」等六大能力，成立博士班，逐步形塑建構起師生的專業度及自信心。在護理教育中，徐南麗特別強調人文、品德和倫理教育，她用心、用生命去教育學生，教導學生「將心比心」、「人傷我痛」，用入世的關照去照護眾生，在她的身教之下，系所充滿了「合心、和氣、互愛、協力」的祥和氣氛。徐南麗自幼家境小康，生性儉樸，但她卻有同體大悲的心腸。她為了系所師生設立了各類的獎學金，用來獎助清寒學生、激勵學生學習向上、鼓勵教師研究，就地取材培育花蓮人才，直接降低了教師離職率。

醫學教育向來採用傳統的師徒制，她鼓勵老師帶領學生實習時必須親自擔任示範，教導學生如何面對病人、如何進行護病溝通。徐南麗日起有功，以校作家，在她的精神感召之下，慈濟大學護理學系參加護理師證照的考取率在短短的四年內，很快地就就從百分之五十竄升到百分之百，見證了辛苦園丁揮淚灑種、歡呼收割的成果。徐南麗熱心公益，在擔任花蓮縣護理師護士公會理事長期間，協助護理師公會的網站建立，建構會員資料電腦化及定期發行教育通報。她重視護理人力的培育，知道教育必須往下紮根，她編纂護理行政、研究教材，提供教師標準化ＰＰＴ檔案講義，強化ｅ化教學，改善行政效率，並將自己研究、教學著作全部上網，嘉惠護生及護理人員（詳見徐南麗教授研究室網站，http://nanlyhsu.weebly.com）。離開花蓮後徐教授仍然繼續以行動支持花蓮縣護理師護士公會（更生日報報導徐教授捐款十萬元當獎學金）；將其言教、身教推廣至花蓮及兩岸三地（徐教授在家鄉湖南等地也設有獎學金）。

結語

徐教授從學校畢業後的工作職涯，分為航空護理官服務期、榮總照顧病人期、慈濟 教學相長期間、到後來任職「健康與建築雜誌」社長兼總編期間，累積了豐厚的產、官、學經驗以及人生的體驗。在此期間她經常應邀到國內外各大專院校及醫療機構演講參與學術交流，在元培大學任教時又應發行人陳宗鵠教授三次敦請為「健康與建築雜誌」社長暨總編輯。三年內華藝線上圖書館統計該雜誌下載成長率百分之一百六十四，創生醫領域居第一的佳績。

徐教授非常重視生涯規劃，強調時間管理；她擇善從優，努力奮鬥，深知勤能補拙，從不懈怠；她擁有兩個博士三個碩士學位，仍不斷思考，改革創新，前瞻領航，慧眼獨具；她說做就做，執行力特強，加上有活到老學到老的終身學習精神，不斷創新，其執行工作成果總是令人刮目相看，驚嘆讚佩！

她的職場生涯恰好歷經了「軍、公、教」三個階段，從銀翼天使到白衣大士、播種園丁的角色轉換，她總是能恰如其分，充分掌握職務的精髓，於是她為自己不斷創造了奇蹟，登峰造極，造就了一個又一個人生的高峰，成為我們學習效法的偶像。

（本文轉載自民國一〇六年六月《健康與建築雜誌》第四卷第二期，名人專訪第一〇六至一一〇頁）

▲徐南麗教授（左一）和長官暨老鄉居、前國防部部長李天羽（中）在岡山空軍醫院相聚，右一為本文作者劉峻正上校。

▲應邀至臺北空軍司令總部演講，圖為本文採訪者劉峻正上校（中）與徐南麗教授（左二）、航醫何邦立教授（左一）、胡慧林主任（右二）、黃慧君分隊長（右一）合影。

附錄二　大雁歸來 提攜勉勵——與護理同仁共勉

培養能力、終身學習、研究創新、跨界整合、回饋社會

徐南麗教授

我是熱愛護理並具使命的平凡護理師，二十二歲時從國防醫學院護理學系畢業開始基層工作，進入臺南空軍醫院，在空軍各單位服務十二年後軍職外調到臺北榮民總醫院，期間出國攻讀博士學位，爾後晉升教授、赴慈濟大學任護理學系主任、研究所所長，成立博士班，全心為慈濟奉獻，培育後山護理專業人才而努力。在護理界從事臨床、教學與研究工作，創辦《榮總護理雜誌》、擔任《健康與建築雜誌》社長與總編輯，最後在元培醫事科技大學春風化雨、作育英才十年後退休，從工作中獲得許多磨練與學習機會。辛勤工作半世紀，如同倒吃甘蔗般，如今享受著揮淚播種後的美好人生。

半世紀以來護理工作的面貌有著巨大改變，教育水平由早年初、高中

程度到現今的博士教育，科技水準也從傳統的人工作業進化到資訊系統的運用，醫療裝備不再是人工清洗，而是採取拋棄式材料製作，醫療科技的快速進展，護理人員更應終生學習，才不致被時代洪流所淹沒。護理工作不僅是職業，更是志業，隨著經驗不斷累積，益發能發光發熱；護理的多元，除了臨床護理、護理行政、護理教育、護理研究外，也可從事跨領域結合，特別是公共衛生、行政管理、長期照護與衛生教育，護理師須提升自身專業素養，精益求精，更要能將心比心，才能深刻了解病人的問題，即時解決病人不適，提升照護品質，在護理領域為病人的生命健康做出卓越貢獻。

依據過往從事護理教育的經驗，個人認為除教導專業知識技能外，更重要的是人格塑型、培養愛心，使她(他)們成為五「心」上將，善用愛心、耐心、細心、專心與恆心持續關懷病人，具備同理心為病人著想；此外還有溝通技巧訓練、終身學習的自我認知，及善用資訊廣納新知，才能與時俱進，跟上時代潮流。個人曾出版二十七本書，並設有「徐南麗教授研究室」專屬網站（http://nanlyhsu.weebly.com），將授課內容及歷年研究論文收錄其中，亦採標準化教學，有助於學生課業與職場學習。

個人常勉勵同仁擴大視野、強化跨領域學習，別侷限在護理領域。自從榮總退休後到慈濟大學任教，由臨床護理轉而從事護理教育，之後應邀擔任健康與建築雜誌社社長兼總編輯工作，對於護理與建築之間的連結，有了更深的領悟與想像。中國醫藥教育協會曾邀請我為北京大學、協和醫院等醫療主管一千餘人進行演講，從臺灣的護理教育談到醫學教育。台灣護理若能參考美國醫界模式，讓資深護理主管成為具備執行長、院長、副院長位階的醫院主管，將可分擔院長行政管理工作，整合院內護理同儕，建立醫護溝通管道，使護理地位與角色更加多元化！

此外也提醒護理師務必照顧好健康，隨時保持良好的生活型態、注意營養飲食、勤於健身運動、保持身心健康、心存正向思維，先把自己照顧好才能照顧別人。本人從事護理工作不覺已跨半世紀，謹以五句話與大家共勉，那就是要培養專業能力、執行終身學習、積極研究創新、跨域整合、服務人群與回饋社會。謹祝福護理像滿天星斗一樣，永遠發光閃耀，照亮自己、也照亮更多需要被幫助的人！

（本文轉載自《台灣護理管理學會會訊》，二〇二〇年九月十五日發刊）

▲ 2017 年中國醫藥教育協會邀請我到北京演講，對象千人以上全是醫療院所主管，我是唯一應邀的護理主講人，這是我一生中最自豪的演講之一！完整影片內容詳見我的網站。

◀中國醫藥教育協會的副會長（左二）李偉泉，是這次成功千人研討會的台灣負責人。右一為台灣藥學代表臺灣大學陳基旺教授，右二為大陸前衛生部副部長袁永林將軍，左一為黃純昭祕書長。

附錄三

「台灣護理之歌」優良作品

這是將近二十年前，台灣護理學會舉辦「台灣護理之歌」甄選時我入選的優良作品。現在我在學唱歌，寫歌詞，希望有緣人能將我這首讚美護理人員的詞，譜成曲，讓護理人員能夠肯定護理工作、讚美護理並歡欣歌唱，圓我終生為提升護理價值之夢！

▲護理和歌唱都是可以一輩子學習和實用的技術、技巧及健身養生工具。因緣歌唱班的學習，大家臉上都發光，2020 年教師節和陳忠義老師（前排左三）師生共譜快樂歌聲！

護理之光

徐南麗作詞

玉山之麓，太平洋之濱
一朵朵海芋挺身而立
一位位白衣天使守護生命
視病猶親，追求卓越
終身如海芋般高雅純潔
創新並恪守南丁格爾誓言
愛心、耐心、細心、專心、恆心
培育真善美的白衣大士

發揚尖端科技與人文薈萃的護理精神
讓護理「護你」「呼你」發光發熱
照亮黑暗角落及病痛心靈
是護理讓世界亮起來
是護理讓世界愛起來
我們以身為白衣大士為榮
我們以身為白衣大士為榮

規劃我的斜槓樂齡人生

規劃我的斜槓樂齡人生

國家圖書館出版品預行編目資料

徐南麗的斜槓樂齡人生 / 徐南麗著 . -- 初版 . -- 臺北市 : 原水文化出版 : 家庭傳媒城邦分公司發行 , 2020.10
面； 公分 . --（悅讀健康；161）
ISBN 978-986-99456-3-9(平裝)
1. 徐南麗 2. 臺灣傳記

783.3886 109014918

悅讀健康系列 161

徐南麗的斜槓樂齡人生

作　　者／徐南麗
選　　書／林小鈴
文字整理／吳燕萍
責任編輯／潘玉女

行銷經理／王維君
業務經理／羅越華
總 編 輯／林小鈴
發 行 人／何飛鵬
出　　版／原水文化
台北市民生東路二段 141 號 8 樓
電話：（02）2500-7008　傳真：（02）2502-7676
E-mail：H2O@cite.com.tw　部落格：http://citeh2o.pixnet.net/blog/
發　　行／英屬蓋曼群島商家庭傳媒股份有限公司城邦分公司
台北市中山區民生東路二段 141 號 11 樓
書虫客服服務專線：02-25007718；25007719
24 小時傳真專線：02-25001990；25001991
服務時間：週一至週五上午 09:30 ～ 12:00；下午 13:30 ～ 17:00
讀者服務信箱：service@readingclub.com.tw
劃撥帳號：19863813 戶名：書虫股份有限公司
香港發行／香港發行所／城邦（香港）出版集團股份有限司
地址：香港灣仔駱克道 193 號東超商業中心 1 樓
E-mail：hkcite@biznetvigator.com
電話：(852)2508-6231　傳真：(852)2578-9337
馬新發行／馬新發行所／城邦（馬新）出版集團股份有限司
41, Jalan Radin Anum, Bandar Baru Sri Petaling,
57000 Kuala Lumpur, Malaysia.
電話：(603) 90578822　傳真：(603) 90576622
電郵：cite@cite.com.my

封面設計／吳欣樺
內頁排版／陳喬尹
製版印刷／卡樂彩色製版印刷有限公司
初　　版／ 2020 年 10 月 6 日
定　　價／ 350 元

城邦讀書花園
www.cite.com.tw

ISBN 978-986-99456-3-9